DANI & ROLAND TRETTL

KOCHEN

Zu Zweit

Rezepte für
genussvolle
Momente

südwest

Inhalt

Eat Pray Love S. 128

Inhalt

Mal andere Dinge ausprobieren S. 182

Schatz, wir gehen essen! S. 204

Lasst euch Zeit!

Auf die Zubereitungszeiten bei den einzelnen Gerichten haben wir verzichtet. Warum? Weil man sich für die wichtigen Dinge einfach mal Zeit nehmen muss und nicht immer die Minuten zählen soll. Der Weg ist das Ziel, liebe Leserinnen und Leser. Ihr sollt Spaß haben in der Küche und nicht auf die Stoppuhr schauen. Natürlich kann man anhand der Gerichte schon sehen, ob das auch mal eine längere Geschichte wird oder ganz fix geht. Ein Flammkuchen ist sehr schnell zubereitet, für eine Bouillabaisse muss man schon ein bisschen Zeit mitbringen. Wirklich komplex ist keines unserer Rezepte, schließlich haben wir sie ja schon mal im Video vor euren Augen zubereitet. Wenn ihr die Videos nochmal ansehen wollt, dann scannt einfach die QR-Codes bei den Rezepten.

Die Bolognese geht live!

Roland: »Schatz, ich setz schnell eine Bolognese an«, sagte ich eines Tages im März 2020 im Corona-Lockdown zu meiner Frau. Und sie antwortete: »Ach komm, da gehen wir doch mal live, die Leute interessiert das doch, wie eine Bolognese geht.« Und schon stand sie mit dem Handy in der Küche.

Dani: Ich wollte ja schon länger, dass Roland einfach mal kocht und wir das für Instagram und Facebook filmen. Durch *First Dates* und andere Dreharbeiten kam das, was er am besten kann, ein bisschen zu kurz: das Kochen. Also habe ich gesagt: »Du musst jetzt mal wieder kochen! Das ist doch deine Leidenschaft. Das vermissen die Leute!«

Roland: Es stimmt ja: Die Leute fragen immer wieder nach Rezepten und sind stets interessiert, wenn es um Kulinarik und Kochen geht. Also meinte ich: »Mei, dann gehen wir halt live mit der Bolognese.«

Dani: Roland fand bisher: »Das ist doch nicht professionell genug, wenn man das mit dem Handy filmt.« Ich habe Roland dann einfach gefilmt, wie er die Bolognese zubereitet.

Roland: Kaum war das Video auf Instagram, merkten wir: Hey, wow, das sind ja sehr viele Leute, die das interessiert und die mitmachen und Fragen stellen. Wir sagten uns: Wenn das so gut ankommt mit der Bolognese, dann gibt es ja noch was, das ist ja einer meiner Klassiker – Rote-Bete-Knödel. Lass uns die mal morgen machen. Da waren noch mehr Leute im Netz dabei. Und so beschlossen wir: Das geht weiter! Schließlich wurden es fast drei Monate, in denen wir täglich live gingen und kochten. Unsere Hauptmotivation war ganz egoistisch, dass wir für uns etwas Gutes kochen wollten, denn wir sind ja Genießer. Uns machten die Kochvideos einen Riesenspaß.

Dani: Und die Zuschauer waren glücklich, weil sie ja ebenfalls zu Hause »gefangen« waren. Wir hatten immer das Gefühl, als ob die alle bei uns in der Küche sitzen. Das war eine tolle Ablenkung von dem Wahnsinn da draußen. Am meisten hat uns motiviert, dass die Leute alle so nett und dankbar waren. Sie haben auch tatsächlich alles nachgekocht. Sie haben uns markiert und wir schauten uns die Gerichte an, die sie gekocht hatten. Die haben die schönsten Kreationen hervorgebracht und alle waren stolz darauf. Viele schrieben, dass sie sich an bestimmte Gerichte noch nie herangetraut hätten und durch unsere Videos einfach mal angefangen hätten, diese zu kochen.

Es war alles sehr spontan. Manchmal hat Roland angekündigt: »Heute mache ich eine Suppe!« Und dann hat er sich schnell umentschieden und eine Beeren-Tiramisu zubereitet. Oder er hat Erdbeerknödel angekündigt und dann was ganz anderes gemacht und wir stritten vor laufender Kamera. Was die Leute natürlich amüsiert hat. Das Feedback war wirklich umwerfend – ob es nun um Lasagne ging oder um Bolognese, Rote-Bete-Knödel oder unsere Crème brûlée.

Roland: Wir haben nichts Erprobtes, kein Repertoire, das wir immer wieder abspulen. Das Schöne am Kochen ist ja, dass immer variiert werden kann – und muss. Mir würde das Kochen keinen Spaß machen, wenn ich nach Regeln kochen müsste. Das hat natürlich viel mit Erfahrung zu tun.

Dani: Ich richte mich beim Kochen danach, was gerade im Kühlschrank vorhanden ist. Roland ist eher der, der gerne plant, was er kocht. Ich bin diejenige, die das, was noch im Kühlschrank ist, verarbeitet. Beim Einkaufen habe ich meistens kein bestimmtes Rezept im Kopf. Früher war es fast unmöglich, dass wir zusammen in der Küche stehen. Weil jeder beim anderen immer seinen Senf dazugegeben hat. Wir sind uns ständig auf die Füße gestiegen, das war nicht sehr harmonisch. Mittlerweile geht es schon besser. Aber amüsant war es immer. Und das ist es bis heute.

Dieses Buch ist für euch alle da draußen, die ihr mitgekocht habt, und für alle, die einfach neue Anregungen für frische unkomplizierte Gerichte suchen. Macht was draus! Gerade quatscht mir Roland aus der Küche rein: »Jeder, der ein Kochbuch kauft, ist bescheuert.« Soso, mein Lieber, pass du mal besser auf, dass deine Fleischpflanzerl nicht anbrennen! Liebe Leserinnen und Leser, seid ruhig bescheuert, seid kreativ, probiert aus, variiert! Wir wünschen euch viel Spaß mit unseren Rezeptvorschlägen und freuen uns auf euer Feedback!

Dani und Roland Trettl

Vorspeisen

Salate, Suppen & Co.

Anrichten

Die Brotcreme mittig auf Teller geben und
zu einem Spiegel verteilen. Die Datteln
im Speckmantel darauf anrichten und mit
den gebräunten Mandelstiften bestreuen.
Zum Schluss die gepfefferte Mandelbut-
ter darüberträufeln.

DATTELN IM SPECKMANTEL
mit Brotcreme

DATTELN IM SPECKMANTEL

– 10 getrocknete fleischige
   Datteln mit Stein, z. B.
   Medjool-Datteln
– 5 g ganze Mandelkerne
– 15 Scheiben Nackenspeck vom
   Mangalitza-Schwein oder guter
   Bauchspeck
– 20 g Olivenöl
– 40 g Butter
– 10 g Mandelstifte
– 1 Knoblauchzehe
– 1 Prise Pfeffer

BROTCREME

– 1 milde weiße Zwiebel
– 20 g Olivenöl
– 1 Chicorée
– 1 Knoblauchzehe
– etwas gemahlenes Brotgewürz
– 100 g getrocknetes oder altbackenes
   Brot in Stücken, z. B. Bauern- oder
   Mischbrot
– 150 ml Wermut 17 % vol.
– etwas Butter
– 20 g Blattpetersilie
– 1 Prise Salz

DATTELN IM SPECKMANTEL

Die Datteln vom Stein befreien, dazu am besten den Stein mit einer langen Küchenpinzette aus der Dattel ziehen. Die Datteln mit je 1 Mandelkern füllen. Die gefüllten Datteln mit je 1 großen Scheibe Nackenspeck umwickeln.

Das Olivenöl in einer Pfanne erhitzen und die Speckdatteln darin anbraten. Die Speckdatteln wenden und reichlich Butter, die Mandelstifte sowie die angedrückte Knoblauchzehe zugeben. Alles zusammen weiterbraten und mit Pfeffer würzen.

BROTCREME

Die Zwiebel schälen und in Streifen schneiden. Das Olivenöl in einem Topf erhitzen und darin die Zwiebelstreifen farblos anschwitzen. Den Chicorée längs halbieren und in Streifen schneiden. Die Knoblauchzehe schälen und fein hacken. Beides zu den Zwiebeln geben und anschwitzen. Etwas Brotgewürz und das Brot zugeben und mit Wermut ablösen. Dann mit heißem Wasser aufgießen. Die Butter zugeben und alles zusammen köcheln lassen, bis die Zwiebeln weich sind und das Brot gut aufgequollen ist.

Je nach Bedarf immer wieder mit einem Schluck Wasser aufgießen. Die Brot-Zwiebel-Mischung in einen leistungsstarken Mixer füllen. Alles zusammen zu einer feinen Creme mixen. Die Blattpetersilie zugeben und untermixen. Die Brotcreme mit Salz abschmecken.

HUMMUS
mit pochiertem Ei

HUMMUS

- 100 g getrocknete Kichererbsen
- 2 saftige Zitronen
- 2 Knoblauchzehen
- 3 EL Tahin (Sesampaste)
- Salz
- etwas Olivenöl
- 1 Prise Piment d'Espelette

PARMESAN-SESAM-KNUSPER

- 200 g Parmesan am Stück
- 10 g Sesamsamen
- etwas Blattpetersilie

BOHNEN-PETERSILIEN-SAUCE

- 100 g frische Stangenbohnen
- 1 weiße milde Zwiebel
- 20 g Olivenöl
- 30 g Butter
- etwas Kichererbsen-Kochwasser (siehe Teilrezept »Hummus«)
- 10 g Blattpetersilie
- Salz
- 1 Prise Pfeffer

POCHIERTES EI

- reichlich Wasser
- etwas Weißweinessig
- 2 Eier

WEITERE ZUTATEN

- grobes Meersalz
- Pfeffer
- Olivenöl

HUMMUS

Die Kichererbsen mindestens 12 Stunden in reichlich kaltem Wasser einweichen. Das Wasser abgießen und durch frisches Wasser ersetzen. Die Kichererbsen ohne Salz etwa 2 Stunden bei milder Hitze weich köcheln.

Die Zitronen auspressen und den Saft beiseitestellen. Die heißen Kichererbsen abgießen und das Kochwasser auffangen. Dann die weich gekochten Kichererbsen in einen leistungsstarken Mixer füllen. Die Knoblauchzehen schälen, klein hacken und zugeben. Das Tahin, etwas Zitronensaft, Salz und etwas Kochwasser hinzufügen und alles kräftig durchmixen. Je nach Bedarf noch etwas heißes Kochwasser zugeben und weitermixen, bis eine samtige Creme entstanden ist. Anschließend mit etwas Olivenöl verfeinern und mit Piment d'Espelette würzen.

Das Hummus in eine große Schüssel füllen und etwas ruhen lassen. Den Mixer nicht auswaschen, sondern für die Zubereitung der Bohnen-Petersilien-Sauce (siehe Teilrezept) beiseitestellen. Das Hummus nochmals mit Salz und Zitronensaft abschmecken. Zum Schluss etwas kaltes Wasser hinzufügen und alles mit einem Gummispatel vermengen, bis das Hummus bindet und glänzt.

Tipp: Das Hummus in kleine, verschließbare Gläser füllen und im Kühlschrank aufbewahren, so hält es sich mindestens eine bis eineinhalb Wochen.

BOHNEN-PETERSILIEN-SAUCE

Die Stangenbohnen waschen, die Enden abtrennen und in Stücke schneiden. Die Zwiebel putzen, vierteln und in feine Streifen schneiden. Das Olivenöl und die Butter in einem Topf erhitzen und darin die Zwiebeln farblos anschwitzen. Dann mit etwas Kichererbsen-Kochwasser ablöschen. Alles in den leistungsstarken Mixer füllen und die grob gehackte Blattpetersilie zugeben. Alles gut durchmixen und mit Salz und Pfeffer abschmecken. Die Bohnen-Petersilien-Sauce zurück in den Topf gießen, kurz einmal aufkochen und vom Herd nehmen.

POCHIERTES EI

Etwa 2,5–3 Liter Wasser zum Kochen bringen. Die Eier einzeln in Tassen aufschlagen. Etwas Weißweinessig in das sprudelnd kochende Wasser geben und vom Herd ziehen. Mit einem Kochlöffel das heiße Essigwasser kräftig rumrühren, sodass ein Strudel entsteht. Ein Ei vorsichtig und mittig in den Wasserstrudel gleiten lassen. Anschließend das nächste Ei ebenfalls hineingleiten lassen und warten, bis sich das Wasser beruhigt. Je nach Bedarf mit einem Löffel die Eier vorsichtig bewegen, damit sie nicht aneinanderhaften. Die Eier 3 Minuten pochieren. Das Eigelb soll gut mit gestocktem Eiweiß ummantelt, aber innen noch flüssig sein. Anschließend die pochierten Eier mit einer Schaumkelle herausnehmen und kurz in kaltes Wasser tauchen, damit sich der Essiggeschmack neutralisiert.

Parmesan-Sesam-Knusper:

Reichlich Parmesan gleichmäßig und fein auf ein mit Backpapier belegtes Backblech reiben. Darauf die Sesamsamen verteilen. In den vorgeheizten Backofen schieben, bei 170 °C (Ober-/Unterhitze) in wenigen Minuten goldgelb gratinieren. Anschließend die Parmesanplatte samt dem Backpapier vom heißen Backblech ziehen, aushärten lassen und grob zerbröseln. Die Petersilie fein hacken und untermischen.

Anrichten

Etwas Hummus mittig in tiefen Tellern glatt verteilen und mit Bohnen-Petersilien-Sauce bedecken. Je 1 pochiertes Ei mittig daraufsetzen und mit Parmesan-Sesam-Knusper bestreuen. Etwas grobes Meersalz und Pfeffer darüberstreuen und am Rand mit etwas Olivenöl verfeinern.

Anrichten

Die Sommerrollen auf Teller verteilen. Etwas
Sojasauce mit Zitronensaft verfeinern und
in einem separaten Schälchen zum Tunken
reichen.

SOMMERROLLEN
vietnamesische Frühlingsrollen

SOMMERROLLEN

- 6 getrocknete, runde Reispapierblätter, ca. 22 cm Durchmesser (vom
  Asialaden)
- vorbereitetes Gemüse und Früchte
  (siehe Teilrezept)
- Rinderfilet-Tataki und Garnelen (s. u.)
- einige Kräuterblättchen, z. B. Koriander, Thai-Basilikum
- 50 g geröstete Erdnusskerne oder
  Cashewkerne
- Piment d'Espelette
- Koriander-Mayonnaise (s. u.)

GEMÜSE UND FRÜCHTE

- 1 Salatgurke
- 1 reife Avocado
- 1 reife Charentais-Melone oder
  Cantaloupe-Melone
- 1 Chinakohl oder Weißkohl

RINDERFILET-TATAKI MIT GARNELEN

- 4 rohe Riesengarnelen,
  ohne Schale
- 20 g Olivenöl
- 200 g Rinderfilet
- Salz, 1 Prise Piment d'Espelette
- etwas frischer gepresster Limettensaft

KORIANDER-MAYONNAISE

- 1 Eigelb
- 5 g feiner, glatter Senf
- 20 g Koriandergrün
- etwas Zitronenpfeffer
- 1 Prise Salz
- 150 ml Traubenkernöl oder Olivenöl

WEITERE ZUTATEN

- Sojasauce mit gebranntem Lauchöl
  (z. B. von Tommy Eder-Dananic)
- frisch gepresster Zitronensaft

SOMMERROLLEN

Je 1 Reispapierblatt in kaltes Wasser legen. Sobald das Blatt weich wird, rausneh-men und auf ein Brett legen. Ersatzweise eine Sprühflasche mit kaltem Wasser füllen und die Reispapierblätter nach und nach besprühen.

Das vorbereitete Gemüse, die Früchte, das Rinderfilet, die Garnelen, die Kräu-terblättchen und die Erdnusskerne nach Wunsch und Belieben in die Mitte des unteren Drittels des Reisblattes geben. Dann mit etwas Piment d'Espelette bestreuen und mit etwas Koriander-Mayonnaise beträufeln. Die Seitenränder darüberklappen und das Reisblatt mit leichtem Druck aufrollen. Die gefüllte Sommerrolle auf eine leicht befeuchtete Platte legen und mit einem feuchten Küchentuch bedecken, damit sie an der Oberfläche nicht antrocknen. Auf diese Weise weitere Sommerrollen zubereiten.

GEMÜSE UND FRÜCHTE

Die Salatgurke schälen und in lange Stäbchen schneiden. Die Avocado halbieren, schälen und vom Stein befreien. Dann ebenfalls in lange Stäbchen schneiden. Die Melone schälen, die Kerne entfernen und ebenfalls in lange Stäbchen schneiden. Den Chinakohl in Streifen schneiden.

RINDERFILET-TATAKI MIT GARNELEN

Die Riesengarnelen vom Darm befreien und unter fließendem Wasser säubern. Das Olivenöl in einer Pfanne erhitzen. Das Rinderfilet darin beidseitig kurz und scharf anbraten. Das Rinderfilet aus der Pfanne nehmen, auf einen Teller legen und salzen. Dann mit Frischhaltefolie überziehen und nachziehen lassen. Die Garnelen in die Pfanne geben. Mit Salz und Piment d'Espelette würzen und beid-seitig kurz anbraten. Mit etwas Limettensaft beträufeln und durchschwenken. Dann aus der Pfanne nehmen.

Das Rinderfilet zuerst in dünne Scheiben und anschließend in lange Streifen schneiden. Die Garnelen längs halbieren und anschließend quer in Streifen schneiden.

KORIANDER-MAYONNAISE

Das Eigelb, den Senf, den grob gehackten Koriander, etwas Zitronenpfeffer und etwas Salz in einen hohen Mixbecher geben. Alles zusammen mit dem Stabmixer durchmixen. Während des Mixvorganges langsam und in einem dünnen Strahl das Öl einlaufen lassen und weitermixen, bis eine Emulsion entstanden ist. Die Koriander-Mayonnaise nochmals abschmecken.

RINDERCARPACCIO,

Auberginencreme, wilder Spargel und Tomatensafterl

RINDERCARPACCIO

– 250 g Rinderfilet
– etwas Olivenöl
– Auberginencreme (siehe Teilrezept)
– 1 Prise Pfeffer

AUBERGINENCREME

– 2 große runde Auberginen
– etwas Salz
– 1 Prise Piment d'Espelette
– 20 g Olivenöl
– 100 ml Wasser
– 1 TL feiner Senf

TOMATEN-SAFTERL

– 100 g aromatische, reife Tomaten
– Auberginen-Schmorsaft (siehe Teilrezept »Auberginencreme«)
– 10 g Basilikum
– 1 Prise Pfeffer
– etwas Tomatenflocken
– 20 g Olivenöl
– 1 Prise Salz

WILDER SPARGEL

– 100 g grüner Wildspargel, ersatzweise in Stücke geschnittene grüne
   Spargelstangen oder Salatgurken
– 20 g Olivenöl
– 1 Prise Salz

WEITERE ZUTATEN

– reichlich Parmesan am Stück
– etwas grobes Meersalz

RINDERCARPACCIO

Das Rinderfilet in dünne Scheiben schneiden und nebeneinander auf eine Lage Klarsichtfolie legen. Das Fleisch mit etwas Olivenöl beträufeln und mit einer Lage Klarsichtfolie bedecken. Dann mit einem Plattiereisen oder einer Stielkasserolle behutsam plattieren. Etwas Auberginencreme auf die plattierten Fleischscheiben streichen und aufrollen. Die Rindercarpaccio-Röllchen mit Pfeffer bestreuen.

AUBERGINENCREME

Die Auberginen schälen, in Stücke schneiden und in eine Auflaufform legen. Dann mit Salz und Piment d'Espelette würzen und mit Olivenöl beträufeln. Das Wasser angießen und die Form mit Alufolie abdecken. Die Auberginen im vorgeheizten Backofen bei 180 °C (Ober-/Unterhitze) etwa 45 Minuten weich schmoren. Das Gemüse samt dem Schmorsaft einige Stunden kalt stellen oder über einem Eiswürfelbad rasch abkühlen lassen. Das weiche Auberginenfruchtfleisch ausdrücken und in einem leistungsstarken Mixer zu einer feinen Creme mixen. Den Senf zugeben und die Auberginencreme mit Salz und Senf abschmecken. Den Auberginen-Schmorsaft für die Zubereitung des Tomaten-Safterls verwenden.

TOMATEN-SAFTERL

Die Tomaten in dünne Scheiben schneiden und zum Auberginen-Schmorsaft geben. Das Basilikum fein schneiden und zugeben. Etwas Pfeffer und Tomatenflocken zugeben und alles mit den Händen vermischen und leicht ausquetschen. Dann etwas Olivenöl unterrühren und mit Salz abschmecken. Das Tomaten-Safterl nach Wunsch durch ein Sieb passieren.

WILDER SPARGEL

Die Enden vom Wildspargel abschneiden. Das Olivenöl in einer Pfanne erhitzen und den Spargel darin kurz und knackig anbraten. Anschließend leicht salzen und aus der Pfanne nehmen.

Anrichten

Die gefüllten Rindercarpaccio-Röllchen mittig auf Tellern
anrichten. Den sautierten Wildspargel locker darübergeben und mit dem Tomaten-Safterl beträufeln. Zum Schluss
etwas Parmesan darüberhobeln und mit grobem Meersalz
bestreuen.

VICHYSSOISE
geeiste Kartoffel-Lauch-Suppe

VICHYSSOISE

– 1 Lauchstange, nur das Weiße
– 150 g neue Kartoffeln
– 150 g Topinambur
– 2 Knoblauchzehen
– 50 g Lardo in Scheiben (gereifter fetter Schweinespeck)
– 1,5 l Gemüsefond (siehe Teilrezept)
– 1 getrocknetes Lorbeerblatt
– Salz
– 80 g kalte Vollmilch
– 100 g Sauerrahm
– 80 g Naturjoghurt

GEMÜSEFOND FÜR VICHYSSOISE

– 5 Zwiebeln
– 4 Karotten
– 1 Lauchstange, helle Bestandteile
– 1 Fenchelknolle
– ½ Staudensellerie
– etwas Salz

SAUTIERTE PILZE

– 200 g frische gemischte Pilze der Saison (z. B. Shiitakepilze, Kräuterseitlinge, Limonenseitlinge, Austernpilze, Champignons) oder frische Waldpilze (z. B. Pfifferlinge, Steinpilze)
– 1 Knoblauchzehe
– 20 g Olivenöl
– etwas Salz
– 1 Prise Pfeffer

VICHYSSOISE

Die Lauchstange putzen, gründlich waschen und fein schneiden. Die Kartoffeln und die Topinambur schälen und in dünne kleine Scheiben schneiden. Die Knoblauchzehen schälen und in feine Scheiben schneiden. Den Lardo würfeln und in einem Topf farblos auslassen. Das Gemüse zugeben und kurz farblos andünsten. Dann mit dem Gemüsefond auffüllen und das Lorbeerblatt zugeben. Die Suppe salzen und köcheln lassen, bis das Gemüse weich ist. Anschließend den Suppenfond größtenteils herausschöpfen und in einen leistungsfähigen Mixer füllen. Das grobe Gemüse bleibt vorerst im Topf. Das Lorbeerblatt entfernen. Die kalte Vollmilch, den Sauerrahm und den Naturjoghurt zum Suppenfond in den Mixer geben und alles kräftig durchmixen. Die Flüssigkeit in eine Schüssel füllen. Anschließend das Gemüse mit dem restlichen Suppenfond in den Mixer füllen und kräftig durchmixen. Diese eher dickflüssige Masse zu dem gemixten Suppenfond geben und verrühren. Die leicht gebundene Suppe mit Salz abschmecken, abkühlen lassen und im Kühlschrank gut durchkühlen lassen.

GEMÜSEFOND FÜR VICHYSSOISE

Die Zwiebeln und die Karotten schälen. Den Lauch putzen und gründlich waschen. Den Fenchel und den Staudensellerie putzen. Alles Gemüse in grobe Stücke schneiden und in einen Topf geben. Dann mit kaltem Wasser auffüllen, leicht salzen und etwa 1 Stunde sanft köcheln lassen. Den Gemüsefond durch ein Sieb passieren.

SAUTIERTE PILZE

Die Pilze putzen und in dünne Streifen oder Scheiben schneiden. Die Knoblauchzehe schälen und fein würfeln. Das Olivenöl in einer Pfanne erhitzen. Den Knoblauch zugeben und kurz anbraten. Dann die gemischten Pilze zugeben, scharf anbraten und gut durchschwenken. Die sautierten Pilze mit Salz und Pfeffer würzen, dann aus der Pfanne nehmen und abkühlen lassen.

Auf der nächsten Seite geht es weiter ...

Anrichten

Die abgekühlten sautierten Pilze mittig in tiefen
Tellern anrichten und mit der geeisten Vichyssoise
aufgießen. Dann mit etwas Petersilienöl
verfeinern und mit Croûtons bestreuen.

MANDEL-CROÛTONS

– 3 Scheiben Brot nach Wahl
  (z. B. Roggenmischbrot)
– 50 g Butter
– 10 g gehobelte Mandelkerne
– etwas Salz
– 1 Prise Pfeffer

PETERSILIENÖL

– 1 Bund Blattpetersilie
– reichlich Traubenkernöl

GETRÄNKETIPP: SPRITZIGE ZITRUSLIMO MIT MINZE

– 2 saftige Zitronen
– 8 Saftorangen
– 1 l kaltes Sprudelwasser
– Eiswürfel
– 4 frische Minzezweige

MANDEL-CROÛTONS

Das Brot in kleine Würfel schneiden. Die Butter in einer Pfanne aufschäumen. Die Brotwürfel zugeben und durchschwenken. Dann die gehobelten Mandelkerne darüberstreuen und mit Salz und Pfeffer würzen. Alles gut rösten lassen und aus der Pfanne nehmen.

PETERSILIENÖL

Die Blattpetersilie grob schneiden und zusammen mit dem Traubenkernöl sehr fein mixen.

SPRITZIGE ZITRUSLIMO MIT MINZE

Die Zitronen und die Orangen auspressen. Den Saft in hohe Gläser füllen und mit kaltem Sprudelwasser (50/50) aufgießen. Einige Eiswürfel zugeben und mit einem Löffel schaumig aufrühren. Zum Schluss je 1 Minzezweig in das Glas stecken und genießen.

Anrichten

Die Mozzarella-Kopfsalat-Sauce in eine große
Servierschale gießen. Den ganzen Kopfsalat hineinsetzen und die Blätter auseinanderfalten. Die
Tomaten-Erdbeer-Vinaigrette über dem Salatkopf
und in die Zwischenräume geben. Zum Schluss mit
reichlich gepufftem Wildreis bestreuen.

KOPFSALAT

– 1 frischer Kopfsalat

GEPUFFTER REIS

– reichlich neutrales hocherhitzbares
  Pflanzenöl
– 50 g Wildreis (kein Langkornreis)
– 1 Prise Umami-Gewürzmischung
– 1 Prise Salz

TOMATEN-ERDBEER-
VINAIGRETTE

– 150 g frische Erdbeeren
– 250 g große vollreife, aromatische
  orange Fleischtomaten oder
  Ochsenherztomaten
– 1 Prise Salz
– 1 Prise Piment d'Espelette
– etwas Zitronenpfeffer
– 30 g heller Aceto balsamico
– 20 g Olivenöl
– 25 ml Sojasauce
– 1 Handvoll frische Basilikumblätter
– ein paar frische Minzeblätter
– 10 g Ingwer, geschält
– 1 unbehandelte Limette

MOZZARELLA-
KOPFSALAT-SAUCE

– 100 ml frisch gepresster Kopfsalatsaft (siehe Teilrezept »Kopfsalat
  vorbereiten«)
– 1 Mozzarella
– 20 g Olivenöl
– 1 Prise Salz

KOPFSALAT

Die äußeren Blätter des Kopfsalates abtrennen, waschen und in einem Entsafter entsaften. Den Kopfsalatsaft kalt stellen. Den restlichen Kopfsalat im Ganzen unter fließendem Wasser waschen und kopfüber auf einem Küchentuch abtropfen lassen. Den Kopfsalat mit den Händen leicht auseinanderbrechen und die Blätter voneinander etwas lösen, dabei den Strunk nicht abtrennen.

GEPUFFTER REIS

Einen Topf bis maximal zu einem Drittel mit hocherhitzbarem Pflanzenöl auffüllen und sehr heiß und nahe dem Rauchpunkt erhitzen. Mehrere Lagen Küchenpapier beiseitelegen. Etwa je 2 EL getrockneten, ungekochten Wildreis vorsichtig in das hocherhitzte Pflanzenöl geben. Den Wildreis wenige Sekunden aufpuffen lassen. Sobald der Puffreis an die Oberfläche steigt, diesen sofort mit einer Schaumkelle herausschöpfen und auf dem Küchenpapier abtropfen lassen, sonst verbrennt er blitzartig. Anschließend den restlichen Wildreis nach und nach zu Puffreis frittieren. Den gepufften Wildreis mit Umami-Gewürzmischung und Salz bestreuen und gut vermengen.

Hinweis: Bei der Zubereitung von gepufftem Wildreis, insbesondere beim Frittieren bei sehr hohen Temperaturen, ist äußerste Vorsicht geboten. Sämtliche Küchenhelfer wie die Schaumkelle müssen absolut frei von Wasserrückständen sein, sonst gibt es heftige explosionsartige Verbrennungen! Am besten alle Arbeitsmaterialien und Küchenhelfer rechtzeitig bereitlegen.

Tipp: Der Wildreis wird roh und im getrockneten Zustand frittiert. Diese Methode funktioniert bei normalem Langkorn- oder Basmatireis nicht. Dieser muss vorher weich gekocht und anschließend vollständig getrocknet und dehydriert werden. Erst nach diesem langwierigen Prozess kann dieser zu Puffreis frittiert werden.

TOMATEN-ERDBEER-VINAIGRETTE

Erdbeeren putzen und klein würfeln. Die Tomaten vom Strunk befreien und ebenfalls klein würfeln. Beides in eine Schüssel füllen. Salz, Piment d'Espelette, Zitronenpfeffer, hellen Balsamico, Olivenöl und Sojasauce zugeben und alles vermengen. Die Basilikum- und Minzeblätter fein schneiden und unterheben. Die Vinaigrette mit frisch geriebenem Ingwer und frisch geriebener Limettenschale verfeinern.

MOZZARELLA-KOPFSALAT-SAUCE

Den kalten Kopfsalatsaft, den Mozzarella und etwas Olivenöl in einen leistungsstarken Mixer füllen und zu einer feinen Sauce mixen. Die Mozzarella-Kopfsalat-Sauce mit Salz abschmecken.

KOHLRABI-APFEL-SALAT
mit Garnelen

KOHLRABI-APFEL-SALAT

– 2 kleine Kohlrabi
– 1 säuerlicher Apfel
  (Sorte: Granny Smith)
– 1 Mini-Salatgurke
– ½ junge weiße Zwiebel
– etwas Traubenkernöl oder Olivenöl
  zum Braten

PETERSILIEN-SENF-VINAIGRETTE

– 50 g dicke Blattpetersilienstängel,
  ersatzweise frische Kohlrabiblätter
– 1 TL feiner Senf (z. B. Dijonsenf)
– 10 ml Weißweinessig
– 1 Prise Salz
– 1 Prise Umami-Gewürzzubereitung
– 10 g Olivenöl
– 10 g Traubenkernöl oder anderes
  mildes Pflanzenöl

GARNELEN IN SESAMBUTTER

– 8 rohe Riesengarnelen, ohne Kopf
  und Schale
– etwas Traubenkernöl oder Olivenöl
– 1 Prise Salz
– 2 g geschrotete Knoblauchflakes
– 1 Prise Purple-Curry-
  Gewürzmischung
– 1 TL Sesamsamen
– 20 g Butter
– etwas Zitronensaft, frisch gepresst
– 1 TL frische Blattpetersilie, gehackt

KOHLRABI-APFEL-SALAT

Den Kohlrabi schälen. Zuerst in Scheiben und anschließend in lange, dünne Streifen schneiden. Den ungeschälten Apfel ebenfalls in dünne Scheiben und anschließend in längliche dünne Stifte schneiden. Die Salatgurke schälen, längs halbieren und in Scheiben schneiden. Die Kohlrabi- und Apfelstifte sowie die Salatgurkenscheiben in einer Schüssel mischen. Die Zwiebeln putzen, halbieren und in Streifen schneiden. Etwas Traubenkernöl in einer Pfanne erhitzen und die Zwiebelstreifen darin 2–3 Minuten farblos anschwitzen, dabei öfters durchschwenken. Aus der Pfanne nehmen und abkühlen lassen. Danach unter den Salat mischen.

PETERSILIEN-SENF-VINAIGRETTE

Die Blattpetersilienstängel in einem Entsafter zu Saft verarbeiten. Den Petersiliensaft mit dem Senf, dem Weißweinessig, etwas Salz und etwas Umami-Gewürzzubereitung verrühren. Je zur Hälfte Oliven- und Traubenkernöl zugeben und alles zu einer Vinaigrette verrühren.

GARNELEN IN SESAMBUTTER

Die Garnelen vom Darm befreien, unter fließendem Wasser gründlich säubern und abtropfen lassen. Etwas Traubenkernöl in einer Pfanne erhitzen. Die Garnelen zugeben, salzen und 1 Minute anbraten. Dann wenden und mit Knoblauchflakes, etwas Purple-Curry-Gewürzmischung und Sesamsamen bestreuen und 1 Minute weiterbraten. Die Butter zugeben und gut durchschwenken. Die Garnelen gar ziehen lassen. Etwas Zitronensaft darüberträufeln und alles durchschwenken, bis die Butter zu einer sämigen Sauce emulgiert. Die gehackte Petersilie zugeben und nochmals abschmecken.

Anrichten

Die Petersilien-Senf-Vinaigrette über den Salat gießen und alles
locker vermengen. Den Salat ein paar Minuten ziehen lassen und
dann je nach Geschmack nochmals mit Salz abschmecken. Den
Kohlrabi-Apfel-Salat auf tiefe Schalen verteilen. Die Garnelen
entweder separat in kleinen Schalen anrichten und mit der Se-
sambutter beträufeln oder direkt auf den Salat geben.

Anrichten

Nach Belieben je 1 großen Anrichtring mittig auf Teller stellen und als Erstes die Süßkartoffelcreme einfüllen. Dann den marinierten Süßkartoffelsalat gleichmäßig einschichten und mit viel gehacktem Rucola bedecken. Die Granatapfelkerne daraufgeben und etwas Parmesan darüberreiben. Mit etwas grobem Meersalz und mit grob gehackten Cashewkernen bestreuen und die Anrichtringe abnehmen.

SÜSSKARTOFFELSALAT

SÜSSKARTOFFELCREME

– 300 g Süßkartoffeln
– 20 g Olivenöl
– 1 Stängel Zitronengras
– 20 g Ingwer
– 50 g Sauerrahm
– 1 Prise Umami-Gewürzmischung
– 1 unbehandelte Zitrone
– 1 Prise Piment d'Espelette
– Salz

SÜSSKARTOFFELSALAT

– 200 g Süßkartoffeln
– 1 Granatapfel
– 10 g Aceto balsamico
– 10 g Olivenöl
– ½ TL geschrotete Knoblauchflakes
– 1 Prise Chiliflocken
– 1 unbehandelte Limette
– etwas Salz

WEITERE ZUTATEN

– 1 Bund Rucola, fein gehackt
– reichlich Parmesan am Stück
– grobes Meersalz
– 20 g Cashewkerne oder Erdnusskerne, grob gehackt

SÜSSKARTOFFELCREME

Die Süßkartoffeln schälen und in kleine Würfel schneiden. Das Olivenöl in einem Topf erhitzen und darin die Süßkartoffelwürfel farblos anbraten. Das Zitronengras putzen und fein schneiden. Den Ingwer schälen und fein hacken. Beides zu den Süßkartoffeln geben und mit etwas Wasser ablöschen. Alles zugedeckt etwa 10 Minuten weich dünsten. Den gesamten Topfinhalt in einen Mixer füllen. Den Sauerrahm, etwas Umami-Gewürzmischung, etwas frisch gepressten Zitronensaft und etwas Piment d'Espelette zugeben. Alles zusammen zu einer feinen Creme mixen und mit Salz abschmecken.

SÜSSKARTOFFELSALAT

Die Süßkartoffeln schälen und mit der Aufschnittmaschine oder mit einem scharfen Hobel in sehr dünne Scheiben schneiden. Die Süßkartoffelscheiben anschließend in lange, sehr dünne Streifen schneiden. Den Granatapfel quer halbieren. Die Granatapfelhälfte mit der Schnittseite nach unten in die Hand nehmen und mit einem Küchentuch bedecken. Darunter eine Schüssel mit einem Sieb stellen. Dann mit dem Messerrücken auf den Granatapfel klopfen und so die Kerne auslösen. Die Kerne in dem Sieb und den abtropfenden Saft in der Schüssel auffangen. Die Granatapfelkerne beiseitestellen.

Etwas Aceto balsamico, etwas Olivenöl, geschrotete Knoblauchflakes und Chiliflocken zu dem Granatapfelsaft geben. Etwas frisch geriebene Limettenschale und etwas frisch gepressten Limettensaft zugeben und verrühren. Die Granatapfelvinaigrette mit Salz abschmecken. Anschließend die Süßkartoffelstreifen zugeben und marinieren.

WURSTSALAT
Thai-Style

WURSTSALAT

– 1 grüne, unreife Papaya aus dem
  Asialaden
– 250 g feine Fleischwurst, z. B. feine
  Knacker im Ring oder Lyoner im Ring
– 1 kleine Salatgurke
– 1 Tropea-Zwiebel oder andere
  milde Zwiebel
– 10 g frisches Koriandergrün
– 20 g geröstete ungesalzene
  Erdnusskerne
– 1 TL geröstete Knoblauchflakes
– Thai-Limetten-Dressing
  (siehe Teilrezept)

THAI-LIMETTEN-DRESSING

– 20 g Ingwer
– 1 Stängel frisches Zitronengras
– 1 frische Thai-Chilischote
– 10 g Korianderstiele
– 2 getrocknete Limettenblätter
– etwas neutrales Pflanzenöl
– 2 Limetten
– 20 g geriebener Palmzucker
– 10 Tropfen Colatura di Alici, italienische Sardellensauce oder thailändische Fischsauce
– 25 ml Sojasauce

WURSTSALAT

Die grüne Papaya schälen und die Kerne herauslösen. Dann zuerst in sehr dünne Scheiben und anschließend in längliche, sehr feine Julienne-Streifen schneiden. Die Fleischwurst pellen und ebenfalls in dünne feine Streifen schneiden. Die Salatgurke längs vierteln und in dünne Scheiben schneiden. Die Zwiebel putzen und in feine Streifen schneiden. Das frische Koriandergrün grob hacken. Alles in eine große Schüssel füllen und die Erdnusskerne sowie einige Knoblauchflakes zugeben. Das Thai-Limetten-Dressing darübergießen und alles locker und sorgfältig vermengen.

THAI-LIMETTEN-DRESSING

Den Ingwer schälen und hacken. Das Zitronengras putzen und in feine Röllchen schneiden. Die Thai-Chilischote putzen und fein hacken. Die Korianderstiele fein hacken. Die Limettenblätter grob hacken. Alles auf einem Brett vermischen, mit etwas Pflanzenöl beträufeln und sehr fein hacken. Die aromatische Würzpaste in eine kleine Schüssel geben. Die Limetten auspressen und den Saft unterrühren. Den Palmzucker, etwas Fischsauce und etwas Sojasauce zugeben. Alles zusammen gut vermengen und etwas Pflanzenöl unterrühren. Zum Schluss nochmals abschmecken.

Anrichten

Den Wurstsalat Thai-Style in Schalen
anrichten und genießen.

Anrichten

Die Speck-Thymian-Bohnen mittig auf Teller geben. Dann rundherum mit der Gazpacho aufgießen. Die marinierten Paprikafilets darauf verteilen. Kleine Kleckse Salsa verde daraufgeben. Zum Schluss mit Knoblauch-Croûtons bestreuen.

WEISSE BOHNEN

Gazpacho

WEISSE BOHNEN

- 150 g getrocknete weiße Bohnen
- 2 getrocknete Lorbeerblätter
- 1 Prise Salz

GAZPACHO

- 1 milde weiße Zwiebel
- 2 rote Spitzpaprika
- 1 Frühlingszwiebel
- ½ Salatgurke
- 1 Knoblauchzehe
- 2 kleine Ochsenherztomaten
- 100 g Kirschtomaten
- 200 g vorgegarte weiße Bohnen
  (siehe Teilrezept)
- 20 g Olivenöl
- etwas Weißweinessig
- 20 g Sojasauce mit gebranntem
  Lauchöl
- 1 unbehandelte Limette
- 1 Prise Salz
- 1 Prise Chimichurri
- 10 g Öl von eingelegten
  Anchovisfilets
- 1 Prise Piment d'Espelette

SALSA VERDE

- 30 g glatte Petersilie
- 10 g frische Basilikumblätter
- 1 Prise geschrotete Jalapeño-Chili
- 5 g eingelegte Kapern
- 20 g Anchovisfilets, in Olivenöl
  eingelegt
- 2 junge Knoblauchzehen
- 1 unbehandelte Limette
- etwas Olivenöl
- 1 Zitrone

WEISSE BOHNEN

Die Bohnen über Nacht in reichlich kaltem Wasser einweichen. Dann abgießen und mit frischem Wasser auffüllen. Die Lorbeerblätter zugeben und die Bohnenkerne etwa 1 Stunde weich kochen. Erst am Ende der Garzeit salzen. Die Bohnen abgießen und abkühlen lassen. Eine Handvoll Bohnenkerne für die Zubereitung der Speck-Thymian-Bohnen (siehe Teilrezept) beiseitestellen und die restlichen Bohnenkerne für die Gazpacho in eine große Schüssel füllen.

GAZPACHO

Die Zwiebel putzen, halbieren und in Streifen schneiden. Die Spitzpaprika längs halbieren, putzen und in Streifen schneiden. Die Frühlingszwiebel putzen und in Scheiben schneiden. Die Salatgurke schälen und würfeln. Die Knoblauchzehe schälen und fein würfeln. Die Ochsenherztomaten grob würfeln. Die Kirschtomaten halbieren. Alle Zutaten zu den vorgegarten Bohnenkernen geben. Das Olivenöl, den Weißweinessig und etwas Sojasauce zugeben. Etwas frisch geriebene Limettenschale sowie frisch gepressten Limettensaft zugeben. Die Mischung salzen und mit den Händen gut durchmischen und leicht quetschen. Etwas Wasser zugeben. Am besten die Gemüsemischung abdecken und 2 Stunden an einen sonnigen Platz stellen und durchziehen lassen. Anschließend alles zusammen in einen leistungsstarken Mixer füllen und gut durchmixen. Die Gazpacho mit Chimichurri, etwas Anchovisöl und Salz abschmecken. Die Gazpacho nach Belieben durch ein feines Sieb passieren und mit Salz, Piment d'Espelette, frisch gepresstem Limettensaft und Olivenöl abschmecken. Die Gazpacho am besten einige Stunden im Kühlschrank durchziehen lassen.

SALSA VERDE

Die Blattpetersilie, die Basilikumblätter, den Chili, die abgetropften Kapern und die abgetropften Anchovisfilets auf ein Brett geben. Die Knoblauchzehen schälen, fein schneiden und zugeben. Etwas frisch geriebene Limettenschale darüberreiben und mit Olivenöl beträufeln. Alles zusammen mit einem Messer zu einer groben Kräuterpaste hacken. Die Kräuterpaste in eine kleine Schale füllen. Dann etwas mehr Olivenöl zugeben und verrühren. Die Salsa verde mit frisch gepresstem Limetten- und Zitronensaft verfeinern.

Auf der nächsten Seite geht es weiter ...

MARINIERTE PAPRIKA-FILETS
– 4 rote Spitzpaprika
– 1 Prise Salz
– etwas Olivenöl
– etwas frisch gepresster Zitronensaft

SPECK-THYMIAN-BOHNEN
– 100 g fetter Speck vom Mangalitza-
  Schwein
– 10 g Olivenöl
– 100 g vorgegarte weiße Bohnen
  (siehe Teilrezept)
– frische Thymianblättchen
– 1 Prise Piment d'Espelette

KNOBLAUCH-CROÛTONS
– 150 g Weißbrot
– 30 g Butter
– 30 g Olivenöl
– 2 Knoblauchzehen

MARINIERTE PAPRIKAFILETS

Die Spitzpaprika auf ein Blech legen und im vorgeheizten Backofen bei 160 °C (Ober-/Unterhitze) 30 Minuten backen. Abkühlen lassen und die Haut abziehen. Die Stielansätze abtrennen und die Samen entfernen. Die Paprikafilets in grobe, lange Streifen schneiden und mit Salz würzen. Dann mit Olivenöl und frisch gepresstem Zitronensaft beträufeln und kurz vermengen.

SPECK-THYMIAN-BOHNEN

Den Speck klein würfeln und in einer Pfanne mit etwas Olivenöl auslassen. Die vorgegarten Bohnenkerne zugeben und kurz mitbraten. Dann feine Thymianblättchen zugeben und mit etwas Piment d'Espelette würzen.

KNOBLAUCH-CROÛTONS

Weißbrot in kleine Würfel schneiden. In einer Pfanne Butter aufschäumen lassen und das Olivenöl und die Knoblauchzehen dazugeben. Die Weißbrotwürfel knusprig ausbacken.

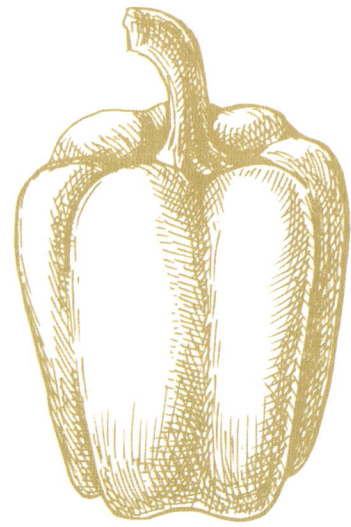

SCHINKENHÖRNCHEN
mit Tomatensalat

QUARKTEIG

- 250 g helles, glattes Weizenmehl
- 250 g Speisequark
- 125 g Butter
- 1 Prise Salz

SCHINKENFÜLLUNG

- 1 Kohlrabi
- 80 g gekochter Schinken
- 20 g Butter
- 1 Prise Salz
- ½ TL geschrotete Knoblauchflakes
- 1 Prise Pfeffer
- 1 EL feiner Dijonsenf
- 1 TL süßer Senf
- 50 g Mascarpone
- 5 g frische Blattpetersilie

SCHINKENHÖRNCHEN

- Quarkteig (siehe Teilrezept)
- helles, glattes Weizenmehl zum Arbeiten
- Schinkenfüllung (siehe Teilrezept)
- 1 verquirltes Ei
- 5 g Sesamsamen
- 10 g gehackte ungesalzene Erdnusskerne

TOMATENSALAT AUF ZWIEBEL-SOJA-CREME

- 2 frische junge weiße Zwiebeln
- 20 g Olivenöl
- 25 ml Sojasauce mit gebranntem Lauchöl
- 10 ml heller Aceto balsamico
- 1 Prise Umami-Gewürzzubereitung
- 1 Prise Piment d'Espelette
- 2 EL Crème fraîche
- 200 g gemischte Tomaten
- etwas grobes Meersalz
- frischer Schnittlauch

QUARKTEIG

Das Weizenmehl, den Speisequark, die Butter und 1 Prise Salz zu einem glatten Teig kneten. Diesen in Frischhaltefolie wickeln und etwa 45–60 Minuten oder länger im Kühlschrank ruhen lassen.

SCHINKENFÜLLUNG

Den Kohlrabi schälen und in kleine Würfel schneiden. Den Schinken fein würfeln und in eine Schüssel füllen. Die Butter in einer Pfanne zerlassen und darin den Kohlrabi glasig anschwitzen. Dann mit Salz, Knoblauchflakes und Pfeffer würzen. Den Kohlrabi zu den Schinkenwürfeln geben. Den Dijonsenf, den süßen Senf und den Mascarpone zugeben. Die Blattpetersilie hacken und zugeben. Alles zusammen gut vermengen und nochmals mit Salz und Pfeffer abschmecken.

SCHINKENHÖRNCHEN

Den Quarkteig auf der leicht bemehlten Arbeitsfläche dünn ausrollen. Die Teigplatte zuerst in lange etwa 8 Zentimeter breite Streifen schneiden. Die Teigstreifen anschließend in Dreiecke schneiden. Auf jedes Teig-Dreieck etwas Schinkenfüllung geben. Dann die Teigspitze eng über die Füllung schlagen und leicht aufrollen, sodass die Füllung ummantelt ist. Den Teig etwas festdrücken und weiter aufrollen. Die spitzen Enden nach unten biegen und zu einem kleinen Hörnchen formen. Die Schinkenhörnchen auf ein mit Backpapier belegtes Backblech legen und mit verquirltem Ei bestreichen. Zum Schluss nach Belieben mit Sesamsamen oder gehackten Erdnusskernen bestreuen.

Die Schinkenhörnchen im vorgeheizten Backofen bei 180 °C (Umluft) je nach Größe etwa 15 Minuten goldgelb backen.

TOMATENSALAT AUF ZWIEBEL-SOJA-CREME

Die Zwiebeln putzen und fein würfeln. Etwas Olivenöl in einer Pfanne erhitzen und die Zwiebeln darin glasig anschwitzen. Dann mit etwas Sojasauce und etwas hellem Aceto balsamico ablöschen. Die Zwiebeln mit Umami-Gewürzzubereitung und Piment d'Espelette würzen. Dann kurz köcheln lassen, bis die Flüssigkeit verdampft ist. Die Zwiebelmischung aus der Pfanne nehmen und mit der Crème fraîche verrühren.

Die Zwiebel-Soja-Creme auf einen großen Servierteller geben und zu einem Spiegel verteilen. Die Tomaten putzen. Ochsenherztomaten und Rispentomaten in beliebige Spalten schneiden, Datteltomaten halbieren. Die gemischten Tomaten auf der Zwiebel-Soja-Creme anrichten und mit grobem Meersalz bestreuen. Dann mit etwas Olivenöl beträufeln und mit frisch geschnittenen Schnittlauchröllchen bestreuen.

Anrichten

Den Tomatensalat auf der
Zwiebel-Soja-Creme servieren
und die Schinkenhörnchen
dazu reichen. Die Schinkenhörnchen schmecken lauwarm
und auch abgekühlt.

KALBFLEISCH, SANFT GEGART

- 20 g Olivenöl
- 500 g Kalbsnuss
- etwas Salz
- 1 Prise Pfeffer
- 1 weiße Zwiebel
- ½ Fenchelknolle
- 8 Kirschtomaten
- 150 g Thunfisch in Olivenöl (aus der Dose)
- ½ TL Fenchelsamen
- 1 EL Kapern (aus dem Glas)

THUNFISCH-SAUCE

- Zwiebel-Fenchel-Thunfisch-Bratansatz (siehe Teilrezept Kalbfleisch)
- 1 Eigelb
- etwas frisch gepresster Zitronensaft
- reichlich Olivenöl
- etwas Salz
- 1 Prise Piment d'Espelette

KROSSE BUTTER-KARTOFFELN

- 20 g Olivenöl
- 6 vorgegarte junge Kartoffeln in der Schale, vom Vortag
- etwas Salz
- ½ TL gerebelter Thymian
- 1 Prise Pfeffer
- etwas geschrotete Knoblauchflakes
- 50 g Butter

WEITERE ZUTATEN

- frischer Schnittlauch, in Röllchen geschnitten
- Pfeffer

KALBFLEISCH, SANFT GEGART

Das Olivenöl in einer Pfanne erhitzen und die Kalbsnuss darin von allen Seiten scharf anbraten. Das Fleisch mit Salz und Pfeffer würzen, dann aus der Pfanne nehmen und in eine kleine ofenfeste Form setzen. Die Pfanne mit dem Bratansatz beiseitestellen. Die Zwiebel schälen und fein schneiden. Die Fenchelknolle halbieren, putzen und die Hälfte in feine Streifen schneiden. Die Kirschtomaten halbieren. Die Pfanne mit dem Bratansatz erneut erhitzen, je nach Bedarf etwas Olivenöl zugeben. Dann darin die Zwiebeln und den Fenchel anbraten. Die Kirschtomaten, den Thunfisch, die Fenchelsamen und die Kapern zugeben. Alles zusammen einige Minuten anbraten und mit wenig Wasser ablöschen. Anschließend den gesamten Pfanneninhalt über die angebratene Kalbsnuss geben. Die Form in den Backofen stellen und das Fleisch bei 65 °C (Ober-/Unterhitze) 5 Stunden sanft garen. Anschließend das Fleisch aus der Form nehmen und die verbleibende gesamte Zwiebel-Fenchel-Thunfisch-Mischung zu einer Sauce weiterverarbeiten (siehe Teilrezept). Das sanft gegarte und saftige Kalbfleisch vor dem Anrichten in dünne Scheiben schneiden.

THUNFISCH-SAUCE

Die gesamte gegarte Zwiebel-Fenchel-Thunfisch-Mischung samt dem aromatischen Bratansatz in einen leistungsstarken Mixer füllen. Etwas Wasser, das Eigelb und frisch gepressten Zitronensaft zugeben und kurz durchmixen. Während des Mixens langsam das Olivenöl in einem dünnen Strahl einlaufen lassen und weitermixen, bis eine leicht flüssige Emulsion entstanden ist. Die Thunfisch-Sauce mit Salz, Piment d'Espelette und frisch gepresstem Zitronensaft abschmecken und nochmals fein mixen.

KROSSE BUTTER-KARTOFFELN

Das Olivenöl in einer Pfanne erhitzen. Die vorgegarten Kartoffeln auf einem Brett mit der Hand flach drücken und in die Pfanne legen. Dann mit Salz, gerebeltem Thymian, Pfeffer und geschroteten Knoblauchflakes würzen. Die Kartoffeln beidseitig goldbraun und knusprig anbraten. Dann reichlich Butter zugeben und aufschäumen lassen. Die Kartoffeln immer wieder mit der schäumenden Butter arrosieren und knusprig braten.

Anrichten

Die krossen Butter-Kartoffeln auf Teller
verteilen. Die Kalbfleischscheiben locker
auf die Kartoffeln drapieren und mit
der Thunfisch-Sauce übergießen. Zum
Schluss mit frischen Schnittlauchröllchen
und etwas Pfeffer bestreuen.

Anrichten

Den Spargel-Melonen-Salat mit Thai-Beef in einer
großen Servierschüssel oder auf Tellern anrichten
und mit Schalotten-Fritt bestreuen.

SPARGEL-MELONEN-SALAT
mit Thai-Beef

THAI-BEEF

- 500 g Rinder-Schulterscherzel, gut durchwachsen
- 10 g neutrales Pflanzenöl
- 50 g weiße Zwiebeln
- 2 Knoblauchzehen
- 2 Stängel frisches Zitronengras
- 80 g Ingwer
- 5 getrocknete ganze Limettenblätter
- 1 TL Thai-Curry
- 100 ml Sojasauce
- 1 l Wasser

SCHALOTTEN-FRITT

- 50 g junge Tropea-Zwiebeln (nur das Weiße) oder frische Thai-Schalotten
- reichlich neutrales Pflanzenöl

SPARGEL-MELONEN-SALAT

- 200 g grüne Spargelstangen
- 75 g reife Charentais-Melone oder Cantaloupe-Melone
- 20 junge Tropea-Zwiebeln, Stielansätze
- 150 g Salatgurke
- Thai-Beef (siehe Teilrezept)
- 1 EL geröstete ungesalzene Erdnusskerne
- Koriander-Limetten-Dressing

KORIANDER-LIMETTEN-DRESSING

- 10 g frische Korianderzweige
- 5 g frische Minze
- 15 g Ingwer, geschält
- 1 Stängel frisches Zitronengras
- 2 getrocknete ganze Limettenblätter
- 1 Limette
- 1 g grünes Thai-Curry
- 8 Tropfen Colatura di Alici
- 10 g Sojasauce
- ½ TL geriebener grober Palmzucker
- Thai-Beef-Schmorsaft (siehe Teilrezept »Thai-Beef«)
- 1 Prise geschrotete Knoblauchflakes

THAI-BEEF

Das Fleisch in einem Bräter mit etwas Pflanzenöl rundherum scharf anbraten. Die Zwiebeln schälen und in Spalten schneiden. Die Knoblauchzehen schälen und in Scheiben schneiden. Das Zitronengras mit einem Messerrücken klopfen und in lange Stücke schneiden. Den Ingwer in Scheiben schneiden. Alles zusammen mit den Limettenblättern und dem Curry zum Fleisch geben und kurz anbraten. Dann mit der Sojasauce und etwas Wasser ablöschen. Den Bräter mit einem Deckel verschließen und in den vorgeheizten Backofen schieben. Das Schulterscherzel bei 170 °C (Ober-/Unterhitze) etwa 3,5 Stunden weich schmoren. Anschließend aus dem Backofen nehmen und im Bräter abkühlen lassen.

SCHALOTTEN-FRITT

Die Zwiebeln putzen und in feine Streifen oder Ringe schneiden. Die weichen Stielansätze für die Zubereitung des Spargel-Melonen-Salates (siehe Teilrezept) beiseitestellen. Die Zwiebelringe in reichlich heißem Pflanzenöl goldgelb frittieren. Dann herausschöpfen und auf einem Küchentuch abtropfen und aushärten lassen.

SPARGEL-MELONEN-SALAT

Die Spargelstangen waschen, die holzigen Enden abschneiden und halbieren. Die Spargelstücke zuerst in lange Streifen und anschließend längs in dünne Stifte schneiden. Die geschälte Melone, die Zwiebel-Stielansätze und die Salatgurke ebenfalls in längliche dünne Stifte schneiden. Das Thai-Beef zuerst in dünne Scheiben und anschließend in dünne Streifen schneiden. Alle Zutaten in eine große Schüssel geben und die Erdnusskerne darüberstreuen. Das Koriander-Limetten-Dressing über den Salat gießen und alles behutsam mit den Händen vermischen.

KORIANDER-LIMETTEN-DRESSING

Den Koriander samt den Stielen, die Minze und den geschälten Ingwer fein hacken und in eine kleine Schüssel füllen. Das Zitronengras putzen und fein hacken. Die getrockneten Limettenblätter ebenfalls hacken und mit dem Zitronengras vermischen. Diese Mischung mit etwas Limettensaft beträufeln und mit dem Messer zu einer Paste hacken, dann zu den Kräutern geben. Die Limetten längs in grobe Stücke schneiden, so lassen sie sich besser auspressen. Den frisch gepressten Limettensaft, etwas grüne Thai-Curry-Gewürzmischung, Colatura di Alici und Sojasauce zugeben. Dann mit dem Palmzucker bestreuen und alles gut verrühren. Etwas Thai-Beef-Schmorsaft in ein Sieb geben, leicht auspressen und den würzigen Saft auffangen. Das Dressing mit dem Schmorsaft und Knoblauchflakes abschmecken.

Anrichten

Auf jeden Teller einen Ausstechring stellen. Das Rinderta-
tar einfüllen und so in Form bringen, dann den Ausstechring abziehen. Die Tomaten-Mayo dazu reichen und mit
den knusprigen Pommes frites servieren.

RINDERTATAR
mit Tomaten-Mayo und Pommes frites

HAUSGEMACHTE POMMES FRITES

– 5 große, festkochende Kartoffeln
– 800 ml Maiskeimöl
– 200 ml Olivenöl
– etwas Salz
– 1 Prise Piment d'Espelette

RINDERTATAR

– 250 g fettarmes Rindfleisch (vorzugsweise Rinderschale oder Rinderfilet)
– 1 reife Avocado
– 50 g Frühlingslauch oder junge Tropea-Zwiebeln (ersatzweise blanchierte Schalottenwürfel)
– 20 ml Sojasauce mit gebranntem Lauchöl
– 1 Prise Pfeffer
– etwas Salz
– 1 Prise Piment d'Espelette
– ½ TL Bruschetta-Gewürzmischung oder Pizzagewürz

TOMATEN-MAYO

– 2 kleine, vollreife Ochsenherztomaten
– 2 Eigelb
– etwas Salz
– ½ TL geräuchertes mildes Paprikapulver
– reichlich geschmacksneutrales Pflanzenöl

HAUSGEMACHTE POMMES FRITES

Die Kartoffeln von allen Seiten gerade abschneiden, sodass Rechtecke entstehen. Anschließend in gleichmäßig dicke Stäbchen schneiden oder durch eine Pommespresse drücken. Die Kartoffeln in reichlich kaltes Wasser legen und 30 Minuten wässern, dabei das Wasser 2–3-mal erneuern. Das Maiskeim- und Olivenöl in einem großen, weiten Topf erhitzen. Die Herdplatte dabei auf zwei Drittel der möglichen Hitze einstellen. Die abgetropften Kartoffeln zugeben und 30–40 Minuten langsam und schwimmend garen, diese dabei ab und zu leicht hin und her bewegen. Die Kartoffeln müssen während des Garvorganges dehydrieren und zum Schluss erst bräunen. Die Hitze erst zum Schluss leicht erhöhen und knusprig ausbacken. Die Pommes frites auf Küchenpapier abtropfen lassen und mit Salz und Piment d'Espelette würzen.

RINDERTATAR

Das Rindfleisch in Scheiben schneiden. Die Fleischscheiben anschließend in längliche Streifen und dann in kleine Würfel schneiden. Das Rindfleisch keinesfalls durch den Fleischwolf drehen oder mit dem Messer hacken. Die Avocado schälen, vom Kern befreien und das Avocadofleisch ebenfalls würfeln. Den Frühlingslauch putzen, längs in Streifen und anschließend in feine Würfel schneiden. Das fein gewürfelte Rindfleisch und das Avocadofleisch mit einem Löffel vermengen und mit Sojasauce, Pfeffer, Salz, Piment d'Espelette und der Bruschetta-Gewürzmischung abschmecken.

TOMATEN-MAYO

Die Tomaten vierteln und den Strunk herausschneiden und abtropfen lassen, falls die Tomaten viel Tomatenwasser enthalten. Die Tomatenviertel und die Eigelbe in einen hohen Mixbecher geben. Etwas Salz und das Paprikapulver zugeben und mit dem Stabmixer durchmixen. Dann während des Mixvorganges langsam und in einem dünnen Strahl das Pflanzenöl einlaufen lassen und weitermixen, bis eine Emulsion entstanden ist. Die Tomaten-Mayo nochmals abschmecken.

LACHS-CEVICHE

LACHS

- 350 g sehr frisches Lachsfilet am Stück mit Haut (ganze Lachsseite, Endstück)

LIMETTEN-KORIANDER-MARINADE

- 2 Limetten
- 50 ml japanische Sojasauce
- etwas geschrotetes rotes Jalapeño-Chili-Gewürz
- 1 Maracuja oder Passionsfrucht
- 1 Frühlingslauch
- 5 g frischer Koriander
- 5 g Ingwer

LACHS-CEVICHE

- 2 Süßkartoffeln
- 2 reife Avocados
- 20 g Macadamianusskerne
- rohe Lachswürfel (siehe Teilrezept »Lachs«)
- Limetten-Koriander-Marinade (siehe Teilrezept)
- 1 Prise Salz

WEITERE ZUTATEN

- frisches Koriandergrün

LACHS

Das Lachsfilet mit der Haut nach unten auf das Schneidebrett legen. Die Haut am Schwanzende anschneiden. Die Haut festhalten und mit dem bewegten Messer parallel zur Arbeitsfläche das Filet von der Haut lösen. Die grauen tranigen Stellen vom gehäuteten Lachsfilet abschneiden. Das Lachsfilet längs halbieren und das fette Fleisch von der Mittelgräte keilförmig herausschneiden. Das gesäuberte Lachsfilet in etwa 1,5 Zentimeter große Würfel schneiden.

LIMETTEN-KORIANDER-MARINADE

Die Limetten auspressen und den Saft mit der Sojasauce und etwas Jalapeño-Chili verrühren. Die Maracuja halbieren, das Fruchtfleisch auslöffeln und zugeben. Den Frühlingslauch putzen, in hauchdünne Ringe schneiden und zugeben. Den Koriander fein hacken und den geschälten Ingwer fein reiben. Beides unter die Marinade rühren.

LACHS-CEVICHE

Die Süßkartoffeln schälen und zuerst in dünne Scheiben und anschließend in sehr feine Streifen schneiden. Die Avocados halbieren, den Stein entfernen und schälen. Das Avocadofruchtfleisch würfeln. Die Macadamianusskerne mit der flachen Messerklinge andrücken und in feine Scheiben schneiden.

Die rohen Lachswürfel, die rohen Süßkartoffelstreifen, die Avocadowürfel und die Macadamianusskerne zu der Limetten-Koriander-Marinade geben und mit Salz würzen. Alles zusammen mit 2 Löffeln locker vermengen, 5 Minuten ziehen lassen und anschließend anrichten.

Hinweis: Durch die Säure der Limetten denaturiert das Eiweiß, ähnlich wie beim Garprozess. Der Fisch ist deshalb nicht komplett roh, sondern leicht gegart.

Anrichten

Die Lachs-Ceviche mittig auf Teller anrichten und nach Belieben mit Koriandergrün garnieren.

REGENBOGENFORELLENTATAR
mit Kopfsalatsüppchen

REGENBOGENFORELLEN-TATAR

- 300 g sehr frisches Regenbogen-forellenfilet ohne Haut
- 40 g Salz
- 500 ml kaltes Wasser
- 10 Radieschen
- 1 Frühlingszwiebel (grüne Bestandteile)
- 1 unbehandelte Limette
- 20 g Ingwer, geschält
- 1 Prise geschroteter milder Peperoncino-Chili
- 20 g Olivenöl
- 5 ml japanische Sojasauce

CROÛTONS

- 4 Scheiben Vollkornbrot oder anderes altbackenes Brot
- 50 g Butter
- 5 g Sesamsamen
- etwas Meersalz

GESCHMORTE RADIESCHEN

- 6 Radieschen
- etwas Butter
- Salz
- etwas Weißweinessig
- 5 ml japanische Sojasauce

KOPFSALATSÜPPCHEN

- 1 Kopfsalat
- 20 g Butter
- 40 g Sauerrahm
- 1 Limette
- etwas Salz, etwas Pfeffer

WEITERE ZUTATEN

- 1 Radieschen, in hauchdünne Scheiben geschnitten
- Fichtennadelsalz

REGENBOGENFORELLENTATAR

Das Regenbogenforellenfilet säubern. Für die Salzlake das Salz in 500 Milliliter Wasser auflösen. Das Fischfilet in die Salzlake legen und 6–7 Minuten ziehen lassen, so bekommt das Fischfleisch eine festere Struktur und lässt sich besser zu Tatar verarbeiten. Das Fischfilet aus der Salzlake nehmen und abwaschen. Dann zuerst in Streifen und anschließend in feine Würfel schneiden. Die Radieschen putzen, in kleine Würfel schneiden und zu den Fischfiletwürfeln geben. Die Frühlingszwiebel putzen, die grünen Bestandteile in feine Röllchen schneiden und zugeben. Das Tatar erst kurz vor dem Anrichten mit frisch gepresstem Limettensaft, frisch geriebener Limettenschale, fein geriebenem Ingwer und etwas geschrotetem Peperoncino-Chili würzen. Das Tatar mit einem Löffel vermengen und mit Olivenöl und Sojasauce abschmecken.

CROÛTONS

Das Brot in kleine Würfel schneiden und in schäumender Butter anbraten. Die Sesamsamen darüberstreuen und rösten. Die Brotwürfel knusprig ausbacken und mit Meersalz würzen. Dann aus der Pfanne nehmen und abkühlen lassen.

GESCHMORTE RADIESCHEN

Die Radieschen putzen, vierteln und in etwas Butter kurz anschwitzen. Dann mit Salz würzen und mit etwas Weißweinessig und wenig Sojasauce ablöschen. Die bissfest geschmorten Radieschen aus der Pfanne nehmen und abkühlen lassen.

KOPFSALATSÜPPCHEN

Den Kopfsalat putzen, waschen und abtropfen lassen. Anschließend die Kopfsalatblätter in einem Entsafter zu Saft verarbeiten. Die Butter in einer Pfanne aufschäumen und leicht bräunen. Den Sauerrahm und etwas frisch gepressten Limettensaft unter den Kopfsalatsaft rühren. Zum Schluss die Butter unterrühren und mit Salz und Pfeffer abschmecken.

Anrichten

Das Regenbogenforellentatar nach Belieben mithilfe eines Ausstechringes mittig auf tiefen Tellern anrichten. Das Kopfsalatsüppchen angießen. Rundherum geschmorte Radieschen verteilen und mit dem Radieschen-Schmorsaft beträufeln. Alles mit hauchdünnen Radieschenscheiben und reichlich Croûtons garnieren. Zum Schluss mit etwas Fichtennadelsalz bestreuen.

Anrichten

Die marinierten Rote-Bete-Spalten auf große Teller verteilen und mit je 1 Tranche Lachs belegen. Dann mit etwas Nussbutter-Gin-Vinaigrette beträufeln. In die Zwischenräume etwas Sauerrahm-Meerrettich-Dip geben. Zum Schluss etwas frischen Meerrettich mithilfe einer Messerklinge darüberschaben und mit Dillspitzen und gezupften Schnittlauchblüten garnieren.

MARINIERTER LACHS
mit Gin und Rote Bete

MARINIERTER LACHS

– 1 kg sehr frisches Lachsfilet am Stück
 mit Haut (ganze Lachsseite,
 Kopfstück)
– 25 g Salz
– 12 g Zucker
– 10 g frischer Dill
– 10 g frische Basilikumblätter
– 1 Zitrone
– 1 TL Koriandersamen
– ½ TL gelbe Senfkörner
– 5 Wacholderbeeren
– 1 Prise Pfeffer
– 75 ml Blue Gin
– etwas neutrales Pflanzenöl

ROTE BETE MIT NUSS-
BUTTER-GIN-VINAIGRETTE

– 2 frische Rote-Bete-Knollen
– 20 g Butter
– 10 g weißer Aceto balsamico
– 1 Prise Salz
– etwas Pfeffer
– 25 ml Blue Gin

SAUERRAHM-
MEERRETTICH-DIP

– 50 g Sauerrahm
– 50 g Naturjoghurt
– 1 TL Meerrettich aus dem Glas
– 1 Prise Salz
– etwas frisch gepresster Zitronensaft
– 10 g Schnittlauch

WEITERE ZUTATEN

– frischer Meerrettich, am Stück
– frische Dillspitzen
– frische Schnittlauchblüten,
 nach Belieben

MARINIERTER LACHS

Das gesäuberte Lachsfilet mit der Hautseite nach unten in eine rechteckige Form legen.

Für die Marinade das Salz und den Zucker vermischen. Den Dill und die Basilikumblätter fein hacken und zugeben. Einen breiten Streifen Zitronenschale abschälen, diesen in sehr feine Streifen schneiden und zugeben. Die Koriandersamen, die Senfkörner und die Wacholderbeeren mit der flachen Messerklinge andrücken und mit dem Pfeffer zugeben. Etwas Gin und etwas Pflanzenöl zugeben und alles vermengen. Die Marinade über dem Fisch verteilen und leicht einmassieren. Den Lachs mit Frischhaltefolie bedecken und 24 Stunden im Kühlschrank marinieren lassen, dabei zweimal wenden.

Danach den Lachs unter fließendem kaltem Wasser abwaschen und trocken tupfen. Das marinierte Lachsfilet mit der Haut nach unten auf das Schneidebrett legen. Die Haut an einer Ecke anschneiden. Die Haut festhalten und mit dem bewegten Messer parallel zur Arbeitsfläche das Filet von der Haut lösen. Kurz vor dem Anrichten von dem marinierten Lachsstück jeweils in einem Schnitt etwa 0,5–1 Zentimeter große Tranchen abschneiden. Keinesfalls die Lachsscheiben mit dem Messer absägen.

Tipp: Übrig bleibender marinierter Lachs hält sich am Stück etwa 2 Wochen im Kühlschrank oder für den späteren Gebrauch sofort einfrieren.

ROTE BETE MIT NUSSBUTTER-GIN-VINAIGRETTE

Die Roten Beten in kochendem Wasser weich garen, sie sollen allerdings noch etwas Biss haben. Diese anschließend abgießen und abkühlen lassen. Die Roten Beten schälen und in fingerdicke Spalten schneiden.

Die Butter in einem Topf bräunen und mit weißem Aceto balsamico ablöschen. Die Vinaigrette mit Salz, Pfeffer und Gin abschmecken. Die Rote-Bete-Spalten zugeben und marinieren.

Tipp: Beim Arbeiten mit Roter Bete am besten Einweghandschuhe verwenden und das Arbeitsbrett mit einer Lage Backpapier vor Verfärbungen schützen.

SAUERRAHM-MEERRETTICH-DIP

Den Sauerrahm mit dem Naturjoghurt und dem Meerrettich glatt rühren. Den Dip mit Salz und frisch gepresstem Zitronensaft abschmecken. Den Schnittlauch in feine Röllchen schneiden und unterheben.

FENCHELSÜPPCHEN
und gratinierte Auberginen

GRATINIERTE AUBERGINEN

- 2 Auberginen
- Salz, 1 Prise Pfeffer
- etwas gerebelter Thymian
- 20 g Olivenöl
- Sauce Rouille (siehe Teilrezept) zum Gratinieren

SAUCE ROUILLE

- 30 g Olivenöl
- 1 Knoblauchzehe
- 150 g vorgekochte, geschälte Kartoffeln
- 100 g Kirschtomaten
- 4 Safranfäden
- Salz
- 5 frische Basilikumblätter
- 2 Eigelb
- 1 Prise Piment d'Espelette

FENCHELSÜPPCHEN

- 2 Fenchelknollen
- 1 weiße Zwiebeln
- 20 g Olivenöl
- 1 junge Knoblauchzehe
- 1 Stängel frisches Zitronengras
- 20 g Ingwer
- 2 ganze, getrocknete Limettenblätter
- Prise Piment d'Espelette
- etwas zitronige Lemon-Curry-Gewürzmischung
- 1 Prise Salz
- 1 unbehandelte Limette
- 1 Becher Naturjoghurt
- 1 Orange

WEITERE ZUTATEN

- Olivenöl
- 20 g gehackte ungesalzene, geröstete Erdnusskerne
- frische Basilikumspitzen

GRATINIERTE AUBERGINEN

Die Auberginen schälen und in grobe längliche Stücke schneiden. Die Auberginenstücke in eine große Schüssel füllen und mit Salz, Pfeffer und gerebeltem Thymian würzen. Dann reichlich Olivenöl darübergießen und gut vermengen. Die Thymianmarinade mit den Händen gut in das Auberginenfruchtfleisch einmassieren. Die marinierten Auberginen auf einem Backblech verteilen und im vorgeheizten Backofen bei 170 °C (Ober-/Unterhitze) je nach Größe etwa 1 Stunde oder 15 Minuten länger weich garen. Die Auberginen aus dem Backofen nehmen. Den Backofen auf Grillfunktion (275 °C) umstellen. Die Auberginen mit der Sauce Rouille überziehen und im Backofen einige Minuten grillen. Dabei öfters kontrollieren, die Auberginen können schnell verbrennen.

SAUCE ROUILLE

Das Olivenöl in einem Topf erhitzen. Den Knoblauch in feine Streifen schneiden und im Olivenöl farblos anschwitzen. Die vorgegarten Kartoffeln würfeln und zugeben. Die Kirschtomaten halbieren und zusammen mit den Safranfäden und etwas Salz zugeben. Alles kurz anschwitzen und mit etwas Wasser aufgießen. Alles 8–9 Minuten köcheln lassen. Den gesamten Topfinhalt in einen hohen Mixbecher füllen. Die Basilikumblätter zugeben und gut durchmixen, währenddessen nach und nach das Eigelb zugeben und weitermixen, bis eine gebundene Emulsion entstanden ist. Die Sauce Rouille mit Salz und Piment d'Espelette abschmecken.

FENCHELSÜPPCHEN

Die Fenchelknollen waschen und putzen. Das feine Fenchelgrün beiseitestellen. Die äußere Fenchelschale abschneiden und zusammen mit den Stielen und den Abschnitten in einem Entsafter zu Saft verarbeiten. Die zarten Fenchelknollen in feine Streifen schneiden. Die Zwiebeln schälen und fein würfeln. Reichlich Olivenöl in einem Topf erhitzen und darin die zarten Fenchelstreifen sowie die Zwiebeln glasig anschwitzen. Den Knoblauch in feine Streifen schneiden und zugeben. Das Zitronengras putzen, mit einem Messerrücken oder einem Fleischklopfer anschlagen und anschließend in feine Streifen schneiden. Den Ingwer schälen und fein würfeln. Beides zugeben und mit anschwitzen. Die Limettenblätter, etwas Piment d'Espelette und etwas Lemon-Curry-Gewürzmischung zugeben. Je nach Bedarf noch etwas Wasser nachgießen, sodass alles bedeckt ist. Die Suppe salzen und köcheln lassen, bis das Gemüse weich ist. Den gesamten Topfinhalt in einen Hochleistungsmixer füllen. Etwas frisch gepressten Limettensaft und den Naturjoghurt zugeben und alles zusammen kräftig und fein mixen. Die Suppe anschließend durch ein feines Sieb zurück in den Topf passieren. Sollte die Konsistenz zu dickflüssig sein, etwas Wasser hinzufügen. Die Suppe mit frisch gepresstem Orangensaft verfeinern und mit Salz, Piment d'Espelette und frisch geriebener Limettenschale würzen. Das feine Fenchelgrün hacken und zugeben. Dann die Suppe mit einem Stabmixer schaumig aufmixen.

Anrichten

Das Fenchelsüppchen in tiefe Teller gießen.
Die gratinierten Auberginen hineinsetzen
und reichlich Olivenöl zugeben. Zum Schluss
gehackte Erdnusskerne darüberstreuen und
mit frischem Basilikum garnieren.

FALAFEL MIT GURKENSALAT
und Schafsjoghurt

FALAFEL

– 200 g getrocknete Kichererbsen
– 1 milde weiße Zwiebel
– 2 frische Kräuterseitlinge
– 30 g frische Blattpetersilie
– 10 g frischer Koriander
– 10 g frisches Basilikum
– etwas arabisches Curry oder
  Koriander, Cumin oder Kardamom
  (nach Belieben)
– 1 Prise Piment d'Espelette
– 1 Prise geschrotete Knoblauchflakes
– 1 Prise Umami-Gewürzzubereitung
– 1 unbehandelte Zitrone
– etwas helles, glattes Weizenmehl
– 1 g Backpulver
– 1 Prise Salz
– 5 g Sesamsamen
– reichlich neutrales Pflanzenöl zum
  Frittieren, z. B. Maiskeim- oder
  Sonnenblumenöl

GURKENSALAT MIT SCHAFJOGHURT

– 1 Salatgurke
– 2 gelbe Spitzpaprika
– 1 milde weiße Zwiebel
– etwas Salz
– 100 g Schafjoghurt, ersatzweise
  Sauerrahm oder Naturjoghurt
– 1 Zitrone
– etwas Olivenöl
– 1 Prise geschrotete Knoblauchflakes
– 1 Prise Piment d'Espelette
– etwas frischen Schnittlauch

AVOCADOSCHNITZE MIT TOMATENFLOCKEN

– 1 reife Avocado
– 1 Prise Salz
– 15 g Tomatenflocken

FALAFEL

Die Kichererbsen 12 Stunden oder über Nacht in reichlich kaltem Wasser einweichen. Anschließend das Wasser abgießen und die eingeweichten, rohen Kichererbsen in eine Schüssel geben. Die Zwiebeln und die Kräuterseitlinge putzen, würfeln und zugeben. Die Kräuter grob schneiden und im Verhältnis 2 Teile Blattpetersilie, 1 Teil Koriander und 1 Teil Basilikum zugeben. Die Masse mit Curry, Piment d'Espelette, geschroteten Knoblauchflakes, Umami-Gewürzzubereitung und frisch geriebener Zitronenschale würzen. Alles durch die feine Scheibe des Fleischwolfes drehen. Dann das Weizenmehl mit dem Backpulver vermischen und darüberstreuen. Mit Salz würzen und alles zusammen mit den Händen zu einem geschmeidigen Teig vermengen. Dann mit nassen Händen kleine Teigportionen abnehmen und zu kleinen, golfballgroßen Bällchen drehen. Die Teigbällchen im Anschluss in Sesamsamen wälzen.

Reichlich Pflanzenöl in einem großen Topf erhitzen und die Falafeln bei etwa 180–185 °C circa 3–5 Minuten goldgelb und knusprig ausbacken. Die Falafeln auf einem Küchentuch abtropfen lassen.

Tipp: Keine vorgekochten Kichererbsen verwenden, sonst wird die Teigmasse zu weich.

GURKENSALAT MIT SCHAFJOGHURT

Die Salatgurke schälen und längs vierteln. Sollten die Gurkensamen zu weich sein, diese herausschneiden. Die Gurkenviertel in Stücke schneiden. Die Spitzpaprika längs halbieren, putzen und in Streifen schneiden. Die Zwiebeln putzen, halbieren und ebenfalls in Streifen schneiden. Alles in eine Schüssel füllen, salzen und 2–3 Minuten ziehen lassen. Anschließend mit den Händen gut ausdrücken. Den Schafjoghurt, etwas frisch gepressten Zitronensaft und etwas Olivenöl zugeben. Den Salat vermengen und mit geschroteten Knoblauchflakes, Piment d'Espelette und Salz abschmecken. Zum Schluss den Schnittlauch in feine Röllchen schneiden und untermengen.

AVOCADOSCHNITZE MIT TOMATENFLOCKEN

Die Avocado schälen, vom Stein befreien und in Spalten schneiden. Die Avocadoschnitze leicht salzen und in Tomatenflocken tupfen.

Anrichten

Den Gurkensalat mit Schafjoghurt
mittig auf Tellern anrichten. Die noch
warmen Falafeln daraufsetzen.
Zum Schluss nach Belieben mit den
Avocadospalten garnieren.

ROTE-BETE-COUSCOUS
mit Wassermelone

ROTE-BETE-COUSCOUS

- 2 frische Rote-Bete-Knollen, ersatzweise vorgegarte vakuumierte Rote Bete
- etwas Salz
- 200 ml Wasser
- 20 g feines Rote-Bete-Pulver
- 1 Prise Ras el Hanout Gewürzmischung
- 100 g Couscous
- 1 TL Goji-Beeren
- 1 Frühlingszwiebel
- 5 g frischer Koriander, davon die Stiele
- 1 unbehandelte Limette

KARAMELLISIERTE WASSER-MELONE

- 200 g frische rote Wassermelone
- 1 Prise Piment d'Espelette
- 20 g Olivenöl
- etwas grobes Meersalz

JOGHURT-KORIANDER-DIP

- 100 g Naturjoghurt
- 10 g Olivenöl
- 5 g frisches Koriandergrün
- 1 Prise Piment d'Espelette
- etwas Salz

WEITERE ZUTATEN

- frisches Koriandergrün

GETRÄNKETIPP: WASSERMELONEN-GIN

- frische rote Wassermelone
- Eiswürfel
- Blue Gin
- 1 unbehandelte Zitrone

ROTE-BETE-COUSCOUS

Die Rote-Bete-Knollen in Salzwasser je nach Größe etwa 1 Stunde gar kochen, dann abgießen und abkühlen lassen. Das Wasser mit dem Rote-Bete-Pulver und dem Ras el Hanout mixen und aufkochen. Den Couscous und die Goji-Beeren in einer Schüssel vermischen und mit dem Rote-Bete-Wasser überbrühen. Alles kurz vermischen und zugedeckt ausquellen lassen. Die Rote-Bete-Knollen schälen und mit der Rohkostreibe grob reiben. Die Frühlingszwiebel putzen und die weißen Bestandteile fein würfeln. Die Korianderstiele abschneiden und diese fein hacken. Den abgekühlten Couscous mit einer Gabel auflockern. Rote Bete, Frühlingszwiebel und die gehackten Korianderstiele zugeben. Dann reichlich frisch geriebene Limettenschale und frisch gepressten Limettensaft sowie Salz und etwas Ras el Hanout zugeben. Alles sorgfältig und behutsam mit den Händen vermengen, dazu am besten Einmalhandschuhe tragen, und nochmals abschmecken.

KARAMELLISIERTE WASSERMELONE

Die Wassermelone in dicke Scheiben schneiden und die Schale abschneiden. Die Wassermelonenscheiben mit etwas Piment d'Espelette würzen. Das Olivenöl in einer Pfanne stark erhitzen und die Wassermelonenscheiben darin kurz und scharf anbraten. Dann wenden, mit grobem Meersalz bestreuen und ebenfalls kurz und scharf anbraten. Die karamellisierte Wassermelone aus der Pfanne nehmen.

JOGHURT-KORIANDER-DIP

Den Naturjoghurt mit etwas Olivenöl glatt rühren. Das Koriandergrün fein hacken und unterrühren. Den Dip mit Piment d'Espelette und Salz abschmecken.

GETRÄNKETIPP: WASSERMELONEN-GIN

Die Wassermelone schälen und kurz und nicht zu kräftig mixen, damit die Kerne nicht zerstört werden. Den Wassermelonensaft durch ein feines Sieb passieren. Einige Eiswürfel in ein hohes Cocktail- oder Weinglas füllen und einen Schuss Gin zugeben. Dann mit dem Wassermelonensaft aufgießen. Je 1 großen Spritzer Zitronensaft zugeben und etwas frische Zitronenschale darüberreiben. Zum Schluss mit einem Löffel durchrühren und genießen.

Anrichten

Den Rote-Bete-Couscous mittig auf Tellern anrichten. Die karamellisierte Wassermelone in längliche Balken schneiden und dekorativ auf dem Couscous anrichten. Rundherum reichlich Joghurt-Koriander-Dip geben und mit frischem Koriandergrün garnieren.

Kochen ist Leidenschaft

Roland: Die Weichen, ob man sich für Essen und Kochen interessiert, werden schon früh gestellt. Meine Mutter hat gut gekocht, aber der wahre Genuss ist mehr von der Oma gekommen. Immer, wenn wir bei Oma waren, war der Tisch opulent gedeckt, es gab viel Gemüse und Braten, lauter gute Sachen. Natürlich war das so, weil wir uns nicht jeden Tag sahen. Meine Oma hat sehr gut gekocht. Die Klassiker bei meiner Mutter waren für mich das Wiener Schnitzel, das Backhendl, die Spaghetti bolognese, ab und zu hat sie auch Gnocchi mit einer frischen Tomatensoße gemacht.

Dani: Meine Mutter hat immer sehr viel gearbeitet. Deswegen war ich viel bei meiner Oma. Sie war eine wirklich leidenschaftliche Köchin. Sie hat immer frisch gekocht und nachmittags gab es meistens selbst gebackenen Kuchen. Es war bei ihr immer gemütlich, der Aufenthaltsort war grundsätzlich die Küche oder der Garten. Ich selbst habe immer gerne gekocht und früh damit angefangen, vielleicht auch, weil meine Mutter wegen der Arbeit nicht so viel Zeit für die Küche hatte.

Roland: Ich bete ja, dass unser Sohn Diego nicht später auch mal sagt, dass seine Omas den größten Einfluss beim Essen auf ihn hatten! Aber Diego schmeckt schon das, was wir für ihn kochen. Einmal hat er mir ganz tief in die Augen geschaut und gesagt: »Papi, du bist der beste Koch auf der ganzen Welt – nach der Mami.«

Dani: Diego und ich kochen gemeinsam eher das, was Diego gut schmeckt. Roland macht oft sein eigenes Ding. Ob Diego und ich jetzt Pilze mögen oder nicht, das ist Roland erst einmal egal. Er macht sie dann trotzdem. Er ist da ein bisschen rücksichtslos, was aber auch gut ist. Wenn man trotzdem immer probiert – Diego probiert ja zum Glück immer alles –, ändern sich auch Geschmack und Essverhalten. Dinge, die Diego lange Zeit abgelehnt

hat, wie Avocado, mag er heute. Weil wir trotzdem immer wieder bestimmte Zutaten in der Küche verwenden und nicht immer nur Rücksicht nehmen, was er aktuell mag oder nicht mag.

Roland: Diego kannst du nicht mit billigem Fast Food kommen. Viele Kinder wären vielleicht begeistert, wenn du mit ihnen in einen Drive-in fährst. Da reagiert Diego überhaupt nicht drauf. Er mag gute Qualität, er probiert zumindest alles und ist auch beim Würzen selbstbewusst. Wenn Salz fehlt, salzt er nach, gibt vielleicht noch etwas Chili dazu. Er haut sich das Zeug nicht nur rein, um satt zu werden, er will es schon genießen. Diego isst zweimal in der Woche in der Schulmensa, weil er gerne mit seinen Schulfreunden Zeit verbringt. Wir haben aber auch wirklich Glück mit der Mensa seiner Schule. Hier wird frisch gekocht und man pflegt einen wertschätzenden Umgang mit Kindern und Lebensmitteln, so wie es eigentlich überall sein sollte. Wenn das Essen nicht gut ist, kann das schon zum Problem werden.

Dani: Wenn Roland nicht zu Hause ist, gibt es bei uns eigentlich kein Fleisch, außer Diego will mal ein Schinkenbrot für die Schulpause. Ich verzichte gern auf Fleisch, mag's aber auch, wenn Roland es gelegentlich zubereitet. Reis und Gemüse gehen bei mir und Diego immer, selbst wenn ich nur ganz wenig Zeit habe. Diego hilft in der Küche gerne mit und manchmal fängt er schon mit dem Kochen an, wenn ich mal länger im Büro bin und er schon Hunger hat. Allerdings lässt er die benutzten Sachen hinterher gerne einfach in der Küche stehen. Das hat er vom Papa.

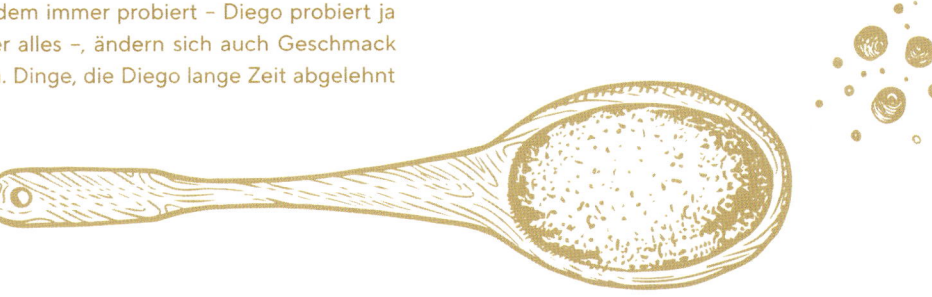

Hauptdarsteller

Pasta, Pizza & Co.

PIZZA BIANCA
mit Spargel vom Grill

PIZZATEIG

- 250 g helles, glattes Weizenmehl oder Pizzamehl Tipo 00 und etwas mehr zum Verarbeiten
- 125 g Wasser, Raumtemperatur
- 15 g Olivenöl
- 7,5 g Salz
- 12,5 g flüssiger Honig
- 7,5 g frische Backhefe

SAUTIERTER GRÜNER SPARGEL

- 100 g grüne Spargelstangen
- 10 g Olivenöl
- 30 ml Wasser
- 1,5 g Salz

SAUERRAHM-PFEFFER-CREME

- 125 g Sauerrahm
- 5 g Olivenöl
- etwas Salz
- 1 Prise Pfeffer
- 1 Prise Piment d'Espelette

PIZZA BIANCA BACKEN

- Pizzateigkugeln, aus dem Kühlschrank (siehe Teilrezept »Pizzateig«)
- helles, glattes Weizenmehl zum Arbeiten
- Sauerrahm-Pfeffer-Creme (siehe Teilrezept)
- Sautierter grüner Spargel (siehe Teilrezept)
- 75 g Osterschinken oder gekochter Schinken (Schweinenuss), in Scheiben (für die nicht-vegetarische Variante)
- 100 g Mozzarella
- frisch geriebener Meerrettich für die fertige Pizza

PIZZATEIG (AM VORTAG SCHON VORBEREITEN!)

Das Weizenmehl, das Wasser, das Olivenöl, das Salz, den Honig und die zerkrümelte Backhefe in die Rührschüssel der Küchenmaschine geben. Alles zusammen 8–9 Minuten zu einem glatten, geschmeidigen Hefeteig kneten. Oder die Zutaten mit den Händen zu einem Hefeteig kneten. Den Hefeteig zugedeckt 30–45 Minuten gehen lassen. Dann in 4 Teigportionen teilen und je zu einer glatten Kugel formen. Die Teigkugeln mit Weizenmehl bestäuben und nebeneinander in eine Form setzen. Die Form mit Folie bedecken und die Teigkugeln für 24–36 Stunden zum Reifen und zur Aromaentwicklung in den Kühlschrank stellen.

SAUTIERTER GRÜNER SPARGEL

Die Spargelstangen waschen, die holzigen Enden abschneiden und je nach Bedarf das untere Drittel schälen. Den Spargel quer in lange Stücke schneiden. Das Olivenöl in einer Pfanne stark erhitzen. Die Spargelstücke zugeben und scharf anbraten, dabei öfters durchschwenken. Dann etwas Wasser zugeben und die Pfanne mit einem Deckel verschließen. Den Spargel 3–4 Minuten bissfest garen, leicht salzen und aus der Pfanne nehmen.

SAUERRAHM-PFEFFER-CREME

Den Sauerrahm mit etwas Olivenöl glatt rühren und mit wenig Salz, Pfeffer und Piment d'Espelette würzen.

PIZZA BIANCA BACKEN

Einen Pizzastein auf den Gasgrill legen, den Grilldeckel verschließen und den Grill 45–60 Minuten auf mindestens 350 °C gut vorheizen. Ersatzweise den Pizzastein im Backofen auf mindestens 250 °C (Unterhitze) vorheizen. Gleichzeitig die vorbereiteten Pizzateigkugeln aus dem Kühlschrank nehmen und zugedeckt akklimatisieren lassen, so lässt sich der Pizzateig später besser auseinanderziehen.

Die Arbeitsfläche mit Weizenmehl bestäuben und den Teigling mit den Händen flach drücken, dann leicht ausrollen. Zuerst mit den Fingern einen Teigrand formen und von der Mitte nach außen dünn auseinanderdrücken und ausziehen. Zum Schluss mit dem Handrücken unter den Pizzaboden greifen und nochmals dünn ausziehen. Den Pizzaboden auf einen bemehlten Pizzaschieber (Pizzaschaufel) legen. Je 2–3 EL Sauerrahm-Pfeffer-Creme auf dem Pizzaboden verteilen und mit sautiertem grünen Spargel, Schinken und zerpflücktem Mozzarella belegen.

Den belegten Pizzaboden mithilfe des Pizzaschiebers auf den heißen Backstein gleiten lassen, den Grilldeckel verschließen und die Pizza knusprig backen. Die fertige Pizza Bianca vom heißen Backstein ziehen.

DIE WELTBESTE BOLOGNESE
klassisch und vegan

SAUCE BOLOGNESE

– 100 g Staudensellerie, ersatzweise
  Knollensellerie
– 1 Fenchelknolle, ersatzweise
  Wurzelpetersilie
– 100 g Karotten
– 300 g weiße oder rote Zwiebeln
– 30 g Olivenöl
– 600 g Hackfleisch vom Rind
  (z. B. von der Rinderwade)
– 50 g Pancetta (italienischer gerollter
  Bauchspeck)
– 3 g Pfeffer
– 2 g geräuchertes mildes
  Paprikapulver
– 5 g geschrotete Knoblauchflakes
  oder frischer Knoblauch
– 1 Prise Salz
– 30 g Tomatenmark
– 10 g Oregano
– 5 g Fenchelsamen
– 3 Lorbeerblätter
– 20 ml japanische Sojasauce
– 300 g reife aromatische Tomaten, ersatzweise gute ganze Dosentomaten
– 500 ml trockener Rotwein

SAUCE BOLOGNESE

Den Staudensellerie und den Fenchel putzen, die Karotten schälen. Das Gemüse in kleine Würfel schneiden. Die Zwiebeln schälen und fein würfeln. Das gesamte Gemüse in einem großen Topf oder in einem Bräter in Olivenöl anbraten. Dabei öfters umrühren und die Gemüsemischung gut rösten.

Währenddessen in einer Pfanne etwas Olivenöl erhitzen und darin das Hackfleisch anbraten. Ab und zu umrühren, bis Röststoffe entstehen.

Die Pancetta in kleine Würfel schneiden, unter die Gemüsemischung rühren und anbraten. Diese mit Pfeffer, Pimentón de la vera doux, Knoblauchflakes und etwas Salz würzen.

Das gut angebratene Hackfleisch zur Gemüsemischung geben. Das Tomatenmark unterrühren und kurz anrösten. Etwas Oregano zugeben. Die Fenchelsamen auf einem Brett mit etwas Olivenöl vermischen und fein hacken – das Olivenöl verbindet die Samen und sie lassen sich besser hacken. Die gehackten Fenchelsamen und die Lorbeerblätter ebenfalls zugeben und mit etwas Sojasauce würzen. Die Tomaten putzen, würfeln und zugeben. Alles nach und nach mit Rotwein ablöschen und aufkochen. Die Sauce mit etwas Wasser auffüllen und alles zusammen ohne Deckel bei mittlerer Temperatur 2 Stunden köcheln lassen. Ab und zu umrühren und je nach Bedarf etwas Wasser nachgießen. Zum Schluss nochmals mit Salz und Pfeffer abschmecken.

Auf der nächsten Seite findet ihr die vegane Variante …

VEGANE BOHNEN-BOLOGNESE

- 250 g getrocknete Kidneybohnen
- 100 g Staudensellerie, ersatzweise Knollensellerie
- 1 Fenchelknolle, ersatzweise Wurzelpetersilie
- 100 g Karotten
- 300 g weiße oder rote Zwiebeln
- 30 g Olivenöl
- 3 g Pfeffer
- 2 g geräuchertes mildes Paprikapulver
- 5 g geschrotete Knoblauchflakes oder frischer Knoblauch
- 1 Prise Salz
- 30 g Tomatenmark
- 10 g Oregano
- 5 g Fenchelsamen
- 3 Lorbeerblätter
- 20 g japanische Sojasauce
- 300 g reife aromatische Tomaten, ersatzweise gute ganze Dosentomaten
- 500 ml trockener Rotwein

VEGANE BOHNEN-BOLOGNESE

Die Kidneybohnen 24 Stunden in reichlich kaltem Wasser einweichen, dann abgießen und durch die mittlere Scheibe des Fleischwolfes drehen. Ersatzweise die eingeweichten, rohen Bohnen mit flacher Messerklinge andrücken und anschließend fein hacken.

Den Staudensellerie und den Fenchel putzen, die Karotten schälen. Das Gemüse in kleine Würfel schneiden. Die Zwiebeln schälen und fein würfeln. Das gesamte Gemüse in einem großen Topf oder in einem Bräter in Olivenöl anbraten. Dabei öfters umrühren und die Gemüsemischung gut rösten.

Währenddessen in einer Pfanne etwas Olivenöl erhitzen und darin die rohen Bohnen anbraten. Ab und zu umrühren, bis Röststoffe entstehen.

Die Gemüsemischung mit Pfeffer, Pimentón de la vera doux, Knoblauchflakes und etwas Salz würzen. Das angebratenen Bohnen zur Gemüsemischung geben. Das Tomatenmark unterrühren und kurz anrösten. Etwas Oregano zugeben. Die Fenchelsamen auf einem Brett mit etwas Olivenöl vermischen und fein hacken – das Olivenöl verbindet die Samen und sie lassen sich besser hacken. Die gehackten Fenchelsamen und die Lorbeerblätter ebenfalls zugeben und mit etwas Sojasauce würzen. Die Tomaten putzen, würfeln und zugeben. Alles nach und nach mit Rotwein ablöschen und aufkochen. Die Sauce mit etwas Wasser auffüllen und alles zusammen ohne Deckel bei mittlerer Temperatur 2 Stunden köcheln lassen. Ab und zu umrühren und je nach Bedarf etwas Wasser nachgießen. Zum Schluss nochmals mit Salz und Pfeffer abschmecken.

Tipp

Die Tomatensauce kochend heiß in
saubere Einmachgläser füllen, gut
verschließen und nach dem Abkühlen in den Kühlschrank stellen.
So hält sie sich ungeöffnet und gut
gekühlt mehrere Wochen.

ZUTATEN FÜR 3 SCHRAUB-GLÄSER À 500 ML

– 800 g vollreife aromatische Tomaten

– 300 g weiße Zwiebeln

– 4 Knoblauchzehen

– 150 g Staudensellerie

– 50 g Olivenöl

– 10 g Kristallzucker

– 30 ml Weißweinessig

– etwas Salz

– 20 g Tomatenketchup

– 750 g passierte Tomaten

– 5 Wacholderbeeren

– 1 TL gerebelter Oregano

– etwas Pfeffer

– 1 EL mediterrane Gewürzmischung

ZUBEREITUNG

Die Tomaten waschen, von den Stielansätzen befreien, grob würfeln und beiseitestellen. Die Zwiebeln und die Knoblauchzehen schälen und würfeln. Den Staudensellerie putzen und in Scheiben schneiden.

Reichlich Olivenöl in einem Topf erhitzen. Etwas Kristallzucker darüberstreuen und kurz verrühren. Die Zwiebeln, den Knoblauch und den Staudensellerie zugeben und 2–3 Minuten farblos anschwitzen. Dann mit etwas Weißweinessig ablöschen und einkochen. Anschließend die vorbereiteten Tomaten zugeben, gut salzen und vermengen. Das Tomatenketchup und die passierten Tomaten zugeben. Die Wacholderbeeren mit der flachen Messerklinge andrücken und zugeben. Etwas gerebelten Oregano, Pfeffer und mediterrane Gewürzmischung zugeben. Alles gut vermengen und zum Kochen bringen.

Den Topf mit einem Deckel verschließen und in den vorgeheizten Backofen auf den Backofenrost stellen. Die Tomatensauce bei 160 °C (Ober-/Unterhitze) etwa 1,5–2 Stunden köcheln lassen. Anschließend den gesamten Topfinhalt durch die Flotte Lotte oder durch ein grobes Edelstahl-Nudel/Salatsieb passieren und mit Salz abschmecken.

GYOZA MIT SAUERKRAUT
und Schweinehack

SAUERKRAUT-HACK-FÜLLUNG

- 150 g Shiitakepilze
- 1 weiße Zwiebel
- 10 g Traubenkernöl
- 40 g Frühlingszwiebeln,
  grüne Bestandteile
- Salz
- 250 g Schweinehackfleisch
- 20 g Ingwer, geschält
- 1 junge Knoblauchzehe
- 100 g Sauerkraut
- 3 g Pfeffer
- 1 Prise Umami-Gewürzzubereitung
- 1 Prise Piment d'Espelette
- 25 ml Sojasauce mit gebranntem
  Lauchöl
- 5 g geröstetes Sesamöl

GYOZA

- 12 Gyoza-Teigblätter
  (aus dem Asialaden)
- Sauerkraut-Hack-Füllung
  (siehe Teilrezept)
- 25 g Traubenkernöl
- 5 g geröstetes Sesamöl
- 25 g Butter

SOJATUNKE

- 25 ml Sojasauce mit gebranntem
  Lauchöl
- 5 ml heller Reisessig oder
  Weißweinessig
- 5 g geröstetes Sesamöl

SAUERKRAUT-HACK-FÜLLUNG

Die Shiitakepilze putzen und fein würfeln. Die Zwiebel schälen und ebenfalls fein würfeln. Das Traubenkernöl in einer Pfanne erhitzen und darin die Pilze und die Zwiebeln anschwitzen. Die Frühlingszwiebeln putzen, die grünen Bestandteile zuerst längs in Streifen und anschließend fein würfeln. Die Frühlingszwiebeln zugeben und durchschwenken. Die Pilz-Zwiebel-Mischung mit Salz würzen, aus der Pfanne nehmen und abkühlen lassen.

Das Hackfleisch in eine Schüssel geben und frisch geriebenen Ingwer sowie die gehackte Knoblauchzehe zugeben. Die abgekühlte Pilz-Zwiebel-Mischung zugeben. Das Sauerkraut ausdrücken, hacken und zugeben. Dann mit Pfeffer, Umami-Gewürzzubereitung, Piment d'Espelette, Sojasauce und geröstetem Sesamöl würzen. Alles zusammen zu einem gebundenen Hackfleischteig vermengen und mit Salz abschmecken.

GYOZA

Die Gyoza-Teigblätter aus der Packung nehmen und mit einem feuchten Tuch bedecken, damit sie nicht austrocknen. Je ein Gyoza-Teigblatt am Rand mit etwas kaltem Wasser bepinseln. In die Mitte reichlich Füllung geben und die Ränder zusammenklappen, sodass Halbmonde entstehen. Die Ränder nun in Falten legen und gut zusammendrücken; dabei so arbeiten, dass die Falten nur auf einer Seite sichtbar sind. Die andere Seite bleibt glatt.

Das Traubenkernöl in einer Pfanne erhitzen. Die gefüllten Gyoza-Teigtaschen mit dem gefalteten Rand nach oben hineinsetzen und 1–2 Minuten anbraten. Dann etwa ½ Tasse Wasser zugießen und die Pfanne mit einem Deckel verschließen. Die Gyoza-Teigtaschen etwa 4 Minuten dämpfen, bis das Wasser aufgesogen und die Füllung gar ist. Die Gyoza-Teigtaschen nicht wenden. Dann etwas Sesamöl darüberträufeln und weiterbraten. Die Butter zugeben und weiterbraten, bis die Gyoza an der Unterseite goldbraun geröstet sind.

SOJATUNKE

Die Sojasauce, den Essig und etwas Sesamöl in einer Schale verrühren.

Anrichten

Die Gyoza mit der knusprigen Seite nach oben auf einer Servierplatte anrichten. Die Sojatunke dazu reichen und klassisch mit Stäbchen servieren.

FLAMMKUCHEN

vom Grill

FLAMMKUCHENTEIG

– 500 g helles, glattes Weizen-
  oder Dinkelmehl
– 1 TL Salz
– ½ TL Umami-Gewürzzubereitung
– 4 EL Olivenöl
– 250 ml Wasser

SAUERRAHMCREME

– 100 g Sauerrahm
– 100 g Crème fraîche
– 20 g Olivenöl
– 1 Prise Salz

FLAMMKUCHEN BACKEN

– Flammkuchenteig (siehe Teilrezept)
– Weizen- oder Dinkelmehl zum
  Arbeiten
– 2 milde weiße Zwiebeln (z. B. Boret-
  tane-Zwiebeln)
– 80 g Nackenspeck vom Mangalitza-
  Schwein oder anderer roh geräucherter durchwachsener Speck
– 1 reife Birne
– Sauerrahmcreme (siehe Teilrezept)
– Bergkäse oder Gruyère am Stück
– 20 g Walnusskerne, grob gehackt

WEITERE ZUTATEN

– etwas frischen Schnittlauch
– 1 Prise Pfeffer
– ein paar Radieschen nach Belieben
– grobes Meersalz, nach Belieben

FLAMMKUCHENTEIG

Das Weizen- oder Dinkelmehl in die Rührschüssel der Küchenmaschine geben. Das Salz, die Umami-Gewürzzubereitung, das Olivenöl und das Wasser zugeben und alles zusammen mit dem Knethaken 8–9 Minuten zu einem festen, geschmeidigen Teig kneten. Ersatzweise die Zutaten kräftig mit den Händen verkneten. Den Teig in Frischhaltefolie wickeln und mindestens 1 Stunde im Kühlschrank ruhen lassen.

SAUERRAHMCREME

Den Sauerrahm, die Crème fraîche und etwas Olivenöl glatt rühren. Die Sauerrahmcreme mit Salz abschmecken.

FLAMMKUCHEN BACKEN

Einen Pizzastein auf den Gasgrill legen, den Grilldeckel verschließen und den Grill 45–60 Minuten auf mindestens 350 °C gut vorheizen. Ersatzweise den Pizzastein im Backofen auf mindestens 250 °C (Unterhitze) vorheizen. Den Flammkuchenteig aus dem Kühlschrank nehmen.

Die Zwiebeln putzen, halbieren und in feine Streifen schneiden. Den Speck ebenfalls in dünne Streifen schneiden. Die Birne vierteln, das Kerngehäuse herausschneiden und die Viertel in kleine dünne Scheiben schneiden.

Von dem Flammkuchenteig jeweils ein Teigstück abstechen und auf der bemehlten Arbeitsfläche zu einem länglichen dünnen Fladen ausrollen. Den dünnen Teigfladen auf einen Pizzaschieber legen und mit reichlich Sauerrahmcreme bestreichen. Darauf die Zwiebel- und Speckstreifen verteilen und mit Birnenscheiben belegen. Dann etwas Bergkäse darüberreiben und mit Walnusskernen bestreuen. Den belegten Flammkuchen mithilfe des Pizzaschiebers auf den heißen Backstein gleiten lassen, den Grilldeckel verschließen und den Flammkuchen knusprig backen.

Tipp: Der Flammkuchen schmeckt statt der Birne, den Walnüssen und dem Bergkäse auch hervorragend mit etwas Bruschetta-Gewürzmischung und Scamorza.

Anrichten

Den Schnittlauch in feine Röllchen schneiden und auf den frisch gebackenen Flammkuchen streuen. Dann mit etwas Pfeffer würzen. Nach Belieben feine Radieschenscheiben darüberhobeln und mit grobem Meersalz bestreuen. Den Flammkuchen in große Stücke schneiden und genießen.

Anrichten

Die Ravioli all'amatriciana auf Teller verteilen
und nach Belieben mit frisch geriebenem
Parmesan bestreuen.

RAVIOLI
all'amatriciana

RAVIOLI-TEIG

- 800 g glattes Weizenmehl (Type 480 oder Type 405)
- 100 g Olivenöl
- 120 g Vollmilch
- 5 Eier
- Salz

SPECK-ZWIEBEL-FÜLLUNG

- 3 weiße Zwiebeln
- 2 Knoblauchzehen
- 20 g Olivenöl
- 300 g roh geräucherter Bauchspeck
- 10 g frische Blattpetersilie
- 25 g Parmesan am Stück
- 75 g Scamorza (optional)
- 1 Prise Pfeffer
- etwas Salz

RAVIOLI FERTIGSTELLEN

- Ravioli-Teig (siehe Teilrezept)
- etwas glattes Weizenmehl, zum Arbeiten
- 1 Ei
- Speck-Zwiebel-Füllung (siehe Teilrezept)
- etwas Salz
- hausgemachte Tomatensauce (siehe Rezept auf Seite 65)
- 30 g Olivenöl
- reichlich Parmesan am Stück
- 5 g frische Basilikumblätter

WEITERE ZUTATEN

- Parmesan am Stück

RAVIOLI-TEIG

Das Weizenmehl, das Olivenöl und die Vollmilch in die Rührschüssel der Küchenmaschine geben. Die Eier aufschlagen, mixen und durch ein Sieb passieren, mit etwas Salz zugeben und zu einem glatten, geschmeidigen Nudelteig kneten. Diesen anschließend mit den Händen nochmals gut durchkneten, in Frischhaltefolie wickeln und etwa 2 Stunden im Kühlschrank ruhen lassen.

SPECK-ZWIEBEL-FÜLLUNG

Die Zwiebeln und die Knoblauchzehen schälen und grob würfeln. Etwas Olivenöl in einem Bräter oder in einem Topf erhitzen und darin die Zwiebeln und den Knoblauch anschwitzen. Den Bauchspeck in grobe Würfel schneiden und zugeben. Alles zusammen etwa 15 Minuten anbraten und schmoren. Die Blattpetersilie fein hacken und zugeben. Die Speck-Zwiebel-Mischung abkühlen lassen, dann durch den Fleischwolf drehen oder in einem Blitzhacker zu einer Paste verarbeiten. Sollte die Mischung zu flüssig sein, diese in ein Tuch füllen und auspressen. Den abtropfenden, aromatischen Specksaft auffangen und damit später die Tomatensauce verfeinern. Den frisch geriebenen Parmesan und etwas frisch geriebenen Scamorza zu der Speck-Zwiebel-Mischung geben und vermengen. Dann mit Pfeffer und wenig Salz abschmecken. Die Speck-Zwiebel-Füllung in einen Spritzbeutel mit glatter Tülle füllen.

RAVIOLI FERTIGSTELLEN

Den Ravioli-Teig in Portionen teilen und nach und nach in einer Nudelmaschine zu langen Teigbahnen verarbeiten. Dazu den Teig mehrmals auf größter Stufe ausrollen, die Teigbahn dabei immer wieder leicht mit Weizenmehl bestäuben und zusammenfalten. Dann erneut bei gleicher Stufe ausrollen. So wird der Teig nach und nach geschmeidig und bleibt reißfest. Anschließend die Teigbahn Stufe für Stufe dünner ausrollen. Die dünn ausgerollte Teigbahn auf die bemehlte Arbeitsfläche legen. Die halbe Teigbahn komplett mit verquirltem Ei bestreichen und darauf längs mit etwas Abstand einige Tupfen Speck-Zwiebel-Füllung spritzen (insgesamt 3 Bahnen). Dann die restliche Teigbahn über die Füllung klappen und an der oberen Längsseite festdrücken. Anschließend den Teig zwischen der Füllung festdrücken, sodass keine Lufteinschlüsse entstehen. Die Ränder festdrücken und mit einem Messer begradigen. Dann die Teigkammern durchschneiden, sodass rechteckige Ravioli entstehen. Die Ravioli in kochendes Salzwasser gleiten lassen und bei leicht siedendem Wasser 3–4 Minuten gar ziehen lassen.

Die Tomatensauce in einer großen Pfanne erhitzen. Etwas Olivenöl zugeben. Die garen Ravioli aus dem Wasser schöpfen, kurz abtropfen und in die heiße Tomatensauce gleiten lassen. Etwas frisch geriebenen Parmesan und fein geschnittenes Basilikum darüberstreuen. Dann alles behutsam durchschwenken.

Anrichten

Die Lasagne in große Stücke teilen und
auf Tellern anrichten. Dazu passt am
besten ein gemischter Salat.

LASAGNE BOLOGNESE
mit Béchamel

LASAGNE

– Nudelblätter (siehe Teilrezept
 »Nudelteig für Lasagneblätter«)
– 1 Prise Salz
– 20 g Olivenöl
– heiße Béchamelsauce (siehe
 Teilrezept »Béchamelsauce«)
– Sauce bolognese, frisch oder
 aufgetaut (siehe Teilrezept »Sauce
 bolognese«)
– reichlich Parmesan am Stück
– 30 g Butter

NUDELTEIG FÜR
LASAGNEBLÄTTER

– 450 g feiner Hartweizengrieß
 (Semola di grano duro)
– 150 g glattes Weizenmehl
– 250 g Eigelb
– 125 g Vollei
– 75 g Olivenöl
– Salz

LASAGNE

Die Nudelblätter in kochendem Salzwasser etwa 1–2 Minuten al dente kochen, dann herausschöpfen und in kaltem Wasser abschrecken.

Eine Auflaufform mit Olivenöl einfetten. Je 1 Schöpfer Béchamelsauce und Sauce bolognese einfüllen und locker vermengen, sodass ein marmoriertes Saucenmuster entsteht. Die Nudelblätter zuschneiden und eine Lage einschichten. Erneut je 1 Schöpfer Béchamelsauce und Sauce bolognese einfüllen und verstreichen. Dann etwas Parmesan darüberreiben und mit einer Lage Nudelblättern bedecken. So fortfahren, bis die Form etwa 2 Zentimeter unter dem Rand gefüllt ist. Als letzte Schicht reichlich Sauce bolognese und Béchamelsauce einfüllen und reichlich Parmesan darüberreiben. Zum Schluss einige Butterflöckchen darauf verteilen.

Die Lasagne im vorgeheizten Backofen bei 170 °C (Umluft) etwa 45 Minuten backen. Anschließend die Lasagne im ausgeschalteten Backofen etwa 10 Minuten nachziehen lassen.

NUDELTEIG FÜR LASAGNEBLÄTTER

Den Hartweizengrieß, das Weizenmehl, das Eigelb, das Vollei, das Olivenöl und 1 große Prise Salz in die Rührschüssel der Küchenmaschine geben. Alles zusammen mit dem Knethaken 10 Minuten zu einem glatten, geschmeidigen Nudelteig kneten. Diesen anschließend mit den Händen nochmals gut durchkneten, in Frischhaltefolie wickeln und etwa 2 Stunden im Kühlschrank ruhen lassen.

Den Nudelteig in Portionen teilen und nach und nach in einer Nudelmaschine zu langen Teigbahnen verarbeiten. Dazu den Teig mehrmals auf größter Stufe ausrollen, die Teigbahn dabei immer wieder leicht mit Weizenmehl bestäuben und zusammenfalten. Dann erneut bei gleicher Stufe ausrollen. So wird der Teig nach und nach geschmeidig und bleibt reißfest. Anschließend die Teigbahn Stufe für Stufe dünner ausrollen. Die Teigbahnen auf eine Länge von etwa 20 Zentimeter zuschneiden.

Auf der nächsten Seite geht es weiter ...

SAUCE BOLOGNESE

- 100 g Staudensellerie, ersatzweise Knollensellerie
- 1 Fenchelknolle, ersatzweise Wurzel-petersilie
- 100 g Karotten
- 300 g weiße oder rote Zwiebeln
- 30 g Olivenöl
- 600 g Hackfleisch vom Rind (z. B. von der Rinderwade)
- 50 g Pancetta (italienischer gerollter Bauchspeck)
- 3 g Pfeffer
- 2 g geräuchertes mildes Paprikapulver
- 5 g geschrotete Knoblauchflakes oder frischer Knoblauch
- 1 Prise Salz
- 30 g Tomatenmark
- 10 g Oregano
- 5 g Fenchelsamen
- 3 Lorbeerblätter
- 20 ml japanische Sojasauce
- 300 g reife, aromatische Tomaten, ersatzweise gute ganze Dosentomaten
- 500 ml trockener Rotwein

BÉCHAMELSAUCE

- 100 g Butter
- 100 g glattes Weizenmehl
- 1 l kalte Vollmilch
- etwas Salz
- 1 Prise Pfeffer
- 1 Prise frisch geriebene Muskatnuss
- 1 Lorbeerblatt
- 1 Prise Piment d'Espelette

SAUCE BOLOGNESE

Den Staudensellerie und den Fenchel putzen, die Karotten schälen. Das Gemüse in kleine Würfel schneiden. Die Zwiebeln schälen und fein würfeln. Das gesamte Gemüse in einem großen Topf oder in einem Bräter in Olivenöl anbraten. Dabei öfters umrühren und die Gemüsemischung gut rösten.

Währenddessen in einer Pfanne etwas Olivenöl erhitzen und darin das Hackfleisch anbraten. Ab und zu umrühren, bis Röststoffe entstehen.

Die Pancetta in kleine Würfel schneiden, unter die Gemüsemischung rühren und anbraten. Mit Pfeffer, Paprikapulver, Knoblauchflakes und etwas Salz würzen.

Das gut angebratene Hackfleisch zur Gemüsemischung geben. Das Tomatenmark unterrühren und kurz anrösten. Etwas Oregano zugeben. Die Fenchelsamen auf einem Brett mit etwas Olivenöl vermischen und fein hacken – das Olivenöl verbindet die Samen und sie lassen sich besser hacken. Die gehackten Fenchelsamen und die Lorbeerblätter ebenfalls zugeben und mit etwas Sojasauce würzen. Die Tomaten putzen, würfeln und zugeben. Alles nach und nach mit Rotwein ablöschen und aufkochen. Die Sauce mit etwas Wasser auffüllen und alles zusammen offen bei mittlerer Temperatur 2 Stunden köcheln lassen. Ab und zu umrühren und je nach Bedarf etwas Wasser nachgießen. Zum Schluss nochmals mit Salz und Pfeffer abschmecken.

BÉCHAMELSAUCE

Die Butter in einem Topf zerlassen. Das Weizenmehl zugeben und unter Rühren farblos anrösten. Diese helle Mehlschwitze nach und nach mit kalter Milch aufgießen und unter stetigem Rühren aufkochen. (Unbedingt mit kalter Milch aufgießen, sonst gibt es Klümpchen!) Die Béchamelsauce mit Salz, Pfeffer und frisch geriebener Muskatnuss würzen. Das Lorbeerblatt zugeben und die angedickte Sauce etwa 5–8 Minuten köcheln lassen, so verkleistert die Stärke und die Sauce verliert den Mehlgeschmack. Die fertige Béchamelsauce mit Piment d'Espelette, frisch geriebener Muskatnuss und Salz abschmecken.

Anrichten

Die Panzerotti eng aneinander und in einer Linie auf
Tellern anrichten. Die Tomaten-Feta-Vinaigrette
darüber geben und mit etwas Bratbutter beträufeln.
Zum Schluss mit feinen Basilikumblättern garnieren.

PANZEROTTI MIT LAMM,
Auberginen und Tomaten-Feta-Vinaigrette

PANZEROTTI

– 500 g gekochte mehlige Kartoffeln
– Salz
– 150 g helles, glattes Weizenmehl
– etwas Umami-Gewürzmischung
– 2 Eigelb
– abgekühlte Lamm-Auberginen-
  Füllung (siehe Teilrezept)
– etwas Butter zum Braten
– etwas Olivenöl
– 1 Scheibe frischer Knoblauch oder
  1 angedrückte Knoblauchzehe
– Pfeffer

LAMM-AUBERGINEN-FÜLLUNG

– 2 Auberginen
– Salz
– etwas Olivenöl
– Lammnacken oder fetter
  Lammkarree-Deckel
– 1 weiße Zwiebel
– 1 Knoblauchzehe
– etwas Pfeffer
– etwas geräuchertes mildes
  Paprikapulver
– etwas gerebelter Oregano

TOMATEN-FETA-VINAIGRETTE

– Pinienkerne
– Fetakäse
– Kirschtomaten
– etwas Piment d'Espelette
– etwas helle Sojasauce
– 1 unbehandelte Zitrone
– etwas Olivenöl
– ein paar frische Basilikumblätter

WEITERE ZUTATEN

– frische Basilikumblätter

PANZEROTTI

Die Kartoffeln in Salzwasser gar kochen, kurz ausdampfen lassen, pellen und durch die Kartoffelpresse drücken. Die abgekühlten Kartoffeln mit dem Weizenmehl, etwas Salz, etwas Umami-Gewürzmischung und den Eigelben zu einem Kartoffelteig verkneten. Den Kartoffelteig auf einer gut bemehlten Arbeitsfläche etwa 2–3 Millimeter ausrollen und Kreise von etwa 7–8 Zentimeter Durchmesser ausstechen. Auf die Teigkreise mittig reichlich Lamm-Auberginen-Füllung daraufgeben und zu je einem Halbmond zusammenklappen. Die Teigränder gut festdrücken. Die gefüllten Kartoffelteigtaschen in leicht siedendem und nicht kochendem Salzwasser etwa 5–6 Minuten gar ziehen lassen. Die Butter in einer beschichteten Pfanne aufschäumen lassen. Etwas Olivenöl und eine Scheibe frischen Knoblauch zugeben. Sobald die Teigtaschen an die Oberfläche steigen, diese mit einer Schaumkelle herausnehmen und tropfnass in die heiße Butter gleiten lassen. Die Panzerotti beidseitig leicht anbraten und mit wenig Salz und Pfeffer würzen.

LAMM-AUBERGINEN-FÜLLUNG

Die Auberginen längs halbieren und das Fruchtfleisch kreuzweise einschneiden. Die Auberginenhälften mit den Schnittflächen nach oben in eine Auflaufform setzen, dann mit Salz bestreuen und mit Olivenöl beträufeln. Die Form mit Alufolie verschließen und die Auberginen im vorgeheizten Backofen bei 180 °C (Ober-/Unterhitze) etwa 1 Stunde weich schmoren.

Den Lammnacken grob würfeln. Die Zwiebel und den Knoblauch schälen und würfeln. Etwas Olivenöl in einer großen Pfanne erhitzen und darin das Lamm, die Zwiebeln und den Knoblauch kräftig anbraten. Alles mit Salz, Pfeffer, geräuchertem Paprikapulver und gerebeltem Oregano würzen. Die geschmorten Auberginen samt der Schale in grobe Würfel schneiden und mit anbraten. Den gesamten Pfanneninhalt durch den Fleischwolf drehen. Die Füllung abkühlen lassen und mit Salz und Pfeffer abschmecken.

TOMATEN-FETA-VINAIGRETTE

Die Pinienkerne in einer Pfanne ohne Ölzugabe rösten, aus der Pfanne nehmen und abkühlen lassen. Den Fetakäse und die Kirschtomaten in kleine Würfel schneiden. Die gerösteten Pinienkerne zugeben und mit Piment d'Espelette, etwas Sojasauce und frisch gepresstem Zitronensaft würzen. Die Vinaigrette mit frisch geriebener Zitronenschale, Olivenöl und fein geschnittenem Basilikum verfeinern. Alles gut vermengen und etwas durchziehen lassen. Nach Belieben nochmals abschmecken.

Tipp: Als Füllung für die Panzerotti passen auch super geschmorter Trevisano-Radicchio und/oder geschmorte Pilze mit Zwiebeln.

CALAMARI-PASTA

CALAMARI

– 400 g frische Calamaretti oder Chipirones, ersatzweise aufgetaute gute TK-Ware

GEMÜSE UND KRÄUTER

– 300 g frische Kaiserschoten
– 2 reife Tomaten
– 1 Frühlingszwiebel
– 20 g frische Blattpetersilie
– 20 g junge Salatrauke oder junger Rucola

CALAMARI-PASTA

– 100 g Filini (feine Hartweizenpasta)
– 1 Prise Salz
– etwas Olivenöl
– 2 Knoblauchzehen
– vorbereitete Calamaretti (siehe Teilrezept)
– vorbereitetes Gemüse und Kräuter (siehe Teilrezept)
– 10 g geröstete Pinienkerne
– 1 Prise Chakalaka (afrikanische Gewürzmischung
– 1 Limette

WEITERE ZUTATEN

– 1 Prise grobes Meersalz
– 6 Tropfen Colatura di Alici (italienische Sardellensauce)
– 1 Prise Piment d'Espelette
– etwas Olivenöl

CALAMARI

Die Calamaretti ein paar Minuten in kaltes Wasser legen. Dann aus dem Wasser nehmen und mit einem Ruck die Tentakel samt Eingeweide von der Tube trennen. Die Tentakel knapp über den Augen abschneiden, die Kauwerkzeuge von den Tentakeln entfernen und die Tentakel nochmals gut unter fließendem Wasser abspülen und abtropfen lassen. Die Eingeweide, die Augen und die Kauwerkzeuge entsorgen. Vorsichtig unter fließendem Wasser die marmorierte braunviolette Haut so gut wie möglich von den Tuben abziehen und entsorgen. Die Tuben unter fließendem Wasser innen und außen säubern und abtropfen lassen. Die Tuben halbieren und in sehr dünne Streifen schneiden. Die Tentakel je nach Größe halbieren.

GEMÜSE UND KRÄUTER

Die Kaiserschoten längs in feine Streifen schneiden. Die Tomaten samt der Haut in kleine Würfel schneiden. Die Frühlingszwiebel putzen und in sehr feine Ringe schneiden. Die Blattpetersilie hacken und die Salatrauke grob zerzupfen. Das gesamte Gemüse und die Kräuter getrennt voneinander beiseitestellen.

CALAMARI-PASTA

Die Pasta in Salzwasser gar kochen. Währenddessen das Olivenöl in einer großen Pfanne erhitzen. Die angedrückten ungeschälten Knoblauchzehen zugeben und das Olivenöl kurz aromatisieren lassen. Die Hitze erhöhen. Die Calamarettistreifen und -tentakel und die Kaiserschoten zugeben und sehr heiß und scharf ansautieren. Die Calamaretti so heiß wie möglich kurz sautieren, sie dürfen kein Wasser ziehen. Die Frühlingszwiebeln zugeben. Dann in der Pfanne eine kleine Stelle freiräumen und die Pinienkerne zugeben. Die Pinienkerne mit etwas Olivenöl beträufeln und kurz rösten. Die Tomatenwürfel auf die Pinienkerne geben. Die Pasta abgießen und zugeben. Reichlich Chakalaka darüberstreuen, die gehackte Petersilie und die Salatrauke zugeben und durchschwenken. Dann mit reichlich Limettensaft beträufeln und mit Salz würzen. Alles nochmals gut durchschwenken, die Knoblauchzehen entfernen und anrichten.

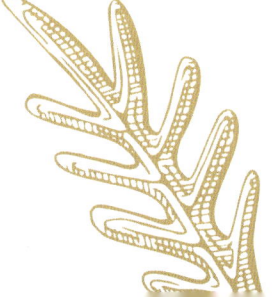

Anrichten

Die Calamari-Pasta auf tiefe Teller verteilen und
mit grobem Meersalz bestreuen. Dann einige
Tropfen Colatura di Alici darüberträufeln und
mit Piment d'Espelette bestäuben. Zum Schluss
mit etwas Olivenöl beträufeln.

Anrichten

Die Gnocchi Rigati mit der Garnelen-Erbsen-
Sauce auf Tellern anrichten. Nach Belieben noch
etwas Olivenöl darüberträufeln und mit etwas
Piment d'Espelette bestreuen.

GNOCCHI RIGATI
mit Garnelen und Erbsen

PASTA

– 150 g Gnocchi Rigati
  (Hartweizenpasta)
– etwas Salz
– Garnelen-Erbsen-Sauce
  (siehe Teilrezept)
– 40 g frisch geriebener Parmesan

GARNELEN-ERBSEN-SAUCE

– 300 g frische Erbsenschoten
  (Schälerbsen)
– 6 rohe Riesengarnelen, geschält
– 2 Romanasalatherzen
– 20 g Olivenöl
– 1 Prise Salz
– 60 g Butter
– 5 g Tomatenflocken
– 2 g geschrotete Knoblauchflakes
– 1 Prise Piment d'Espelette
– 1 unbehandelte Zitrone
– etwas frische Blattpetersilie

WEITERE ZUTATEN

– Olivenöl
– Piment d'Espelette

PASTA

Die Gnocchi Rigati in reichlich sprudelnd kochendem Salzwasser sehr bissfest garen. Die Pasta abgießen, kurz abtropfen lassen und unter die fertige Garnelen-Erbsen-Sauce rühren. Dann den frisch geriebenen Parmesan zugeben und gut durchschwenken. Alles zusammen nachziehen lassen, bis die Pasta die Sauce etwas aufgesogen hat und alles leicht cremig gebunden ist.

GARNELEN-ERBSEN-SAUCE

Die Erbsenkerne aus den Schoten pulen und beiseitestellen. Die leeren Erbsenschoten in einem Entsafter zu Erbsensaft verarbeiten. Die geschälten Garnelen vom Darm befreien und unter fließendem kaltem Wasser säubern. Die Garnelen in Würfel schneiden. Die Romanasalatherzen längs vierteln und in Streifen schneiden. Etwas Olivenöl in einer Pfanne erhitzen. Darin die Garnelen kurz anbraten, salzen und aus der Pfanne nehmen. Die Erbsenkerne in die Pfanne geben, mit dem Erbsensaft aufgießen und 1–2 Minuten köcheln lassen. Dann reichlich Butterwürfel, Salz, Tomatenflocken und etwas Olivenöl zugeben. Alles zusammen verrühren und leicht köcheln, bis eine sämige Sauce entstanden ist. Die Erbsensauce mit Knoblauchflakes, Piment d'Espelette und gut mit Salz abschmecken. Den Romanasalat und die angebratenen Garnelen zugeben und gut durchschwenken. Die Garnelen-Erbsen-Sauce mit etwas frisch geriebener Zitronenschale und etwas frisch gepresstem Zitronensaft verfeinern. Zum Schluss die Blattpetersilie hacken und unterheben.

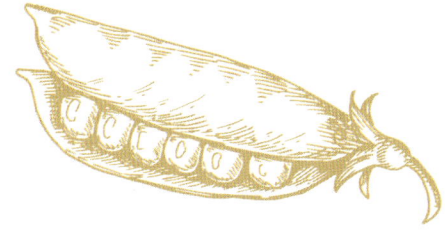

MIESMUSCHELN
mit Fregola und Fenchel

MIESMUSCHELN

– 600 g frische Miesmuscheln oder
  Bouchotmuscheln
– 50 g Olivenöl
– 1 frische Knoblauchknolle
– reichlich trockener Weißwein

BASILIKUMPESTO

– 1 EL Pinienkerne
– 1 Handvoll frische Basilikumblätter
– 2 frische Knoblauchzehen
– 25 g frisch geriebener Parmesan
  oder Pecorino Sardo
– 20 g Olivenöl
– 1 Prise Salz

MUSCHELEINTOPF MIT
FREGOLA SARDA

– 100 g Fregola Sarda (geröstete
  italienische Pasta-Spezialität)
– etwas Salz
– 1 Fenchelknolle
– etwas Olivenöl
– 300 ml Muschelfond (siehe
  Teilrezept »Miesmuscheln«)
– etwas Tomatenflocken oder
  frische Tomaten
– 1 Prise Piment d'Espelette
– 1 EL Basilikumpesto (siehe Teilrezept
  »Basilikumpesto«)
– Muschelfleisch (siehe Teilrezept
  »Miesmuscheln«)

MIESMUSCHELN

Die Miesmuscheln in reichlich kaltem Wasser mehrmals wässern und waschen. Geöffnete Exemplare aussortieren. Ungeöffnete Exemplare in einem Sieb abtropfen lassen. Die Muscheln nach und nach in Portionen garen, dazu das Olivenöl in einem Bräter sehr heiß erhitzen. 1–2 Scheiben Knoblauch zugeben. Jetzt nur so viel Muscheln zugeben, bis der Boden bedeckt ist. Dann mit einem Schuss Weißwein ablöschen und sofort mit einem Deckel verschließen. Die Muscheln etwa 1,5–2 Minuten bei hoher Hitze garen, bis sich die Muschelschalen öffnen. Den gesamten Topfinhalt in ein Sieb geben und den Muschelfond auffangen. Dann den Bräter erneut erhitzen und auf diese Weise die restlichen Muscheln garen. Das Muschelfleisch aus den Schalen lösen, ungeöffnete Exemplare aussortieren.

BASILIKUMPESTO

Die Pinienkerne in einer Pfanne ohne Fettzugabe rösten, dann aus der Pfanne nehmen und abkühlen lassen. Die Basilikumblätter in einen Mörser geben und zerreiben. Die Knoblauchzehen schälen, fein hacken und zugeben. Den frisch geriebenen Parmesan zugeben und alles zusammen fein zerstampfen. Dann nach und nach das Olivenöl zugeben und alles zu einer Paste vermengen. Das Basilikumpesto mit Salz abschmecken.

MUSCHELEINTOPF MIT FREGOLA SARDA

Die Fregola Sarda in Salzwasser gar kochen und abgießen. Währenddessen die Fenchelknolle putzen, die einzelnen Fenchelschalen ablösen und diese in feine Streifen schneiden. Das Olivenöl in dem Bräter erhitzen und die Fenchelstreifen darin anbraten. Dann mit dem Muschelfond aufgießen und aufkochen lassen. Die Tomatenflocken, etwas Piment d'Espelette und etwas Olivenöl zugeben. Alles zusammen köcheln lassen, bis der Fenchel bissfest gegart ist. Die Fregola Sarda zugeben und kurz köcheln lassen. Je nach Bedarf noch etwas Muschelwasser zugießen Den Bräter vom Herd nehmen und das Basilikumpesto unterrühren. Das Muschelfleisch zugeben und vermengen. Das Muschelfleisch darf nicht mehr kochen, sondern nur warm ziehen. Je nach Geschmack noch mit etwas Salz abschmecken.

Anrichten

Den Muscheleintopf mit Fregola Sarda und Fenchel in tiefe Teller anrichten und kleine Kleckse Basilikumpesto daraufgeben.

Anrichten

Je 1 kleines Stück knusprigen Pizzateig und geschmorten Fenchel auf einem Teller platzieren und mit grobem Meersalz bestreuen. Dann mit etwas Paprika-Chili-Mayo nappieren, mit der Vinaigrette beträufeln und als Häppchen genießen.

PIZZATEIG

- 500 g helles, glattes Weizenmehl
  oder Pizzamehl Tipo 00
- 250 g Wasser, Raumtemperatur
- 15 g Olivenöl
- 15 g Salz
- 25 g flüssiger Honig
- 25 g frische Backhefe

FENCHEL IM TEIGMANTEL

- 2 Fenchelknollen, ersatzweise
  geschälter Knollensellerie oder
  geschälte Zwiebeln
- 1 Knoblauchzehe
- Pizzateig (siehe Teilrezept)

PAPRIKA-CHILI-MAYO

- 5 rote Spitzpaprika
- 1 Eigelb
- 1 Prise geschrotete rote
  Jalapeño-Chili
- etwas geräuchertes mildes
  Paprikapulver
- 1 Prise edelsüßes Paprikapulver
- reichlich Olivenöl
- 1 Burrata oder Mozzarella
- 1 Zitrone
- etwas Salz

KUMQUATS-OLIVEN-VINAIGRETTE

- 5 Kumquats
- 8 schwarze Oliven, in Olivenöl
- etwas Fenchelgrün

WEITERE ZUTATEN

- grobes Meersalz

PIZZATEIG (AM VORTAG SCHON VORBEREITEN!)

Das Weizenmehl, das Wasser, das Olivenöl, das Salz, den Honig und die zerkrümelte Backhefe in die Rührschüssel der Küchenmaschine geben. Alles zusammen 8–9 Minuten zu einem glatten, geschmeidigen Hefeteig kneten. Oder die Zutaten mit den Händen zu einem Hefeteig kneten. Den Hefeteig zugedeckt 30–45 Minuten gehen lassen. Dann in 4 Teigportionen teilen und je zu einer glatten Kugel formen. Die Teigkugeln mit Weizenmehl bestäuben und nebeneinander in eine Form setzen. Die Form mit einer Folie bedecken und die Teigkugeln für 24–36 Stunden zum Reifen und zur Aromaentwicklung in den Kühlschrank stellen.

FENCHEL IM TEIGMANTEL

Die Stängel von der Fenchelknolle abschneiden. Die Fenchelknolle putzen und je nach Größe längs halbieren. Das Fenchelgrün für die Zubereitung der Kumquats-Oliven-Vinaigrette (siehe Teilrezept) verwenden. Die Knoblauchzehe schälen und hacken. Je 1 Portion Pizzateig zu einem flachen Fladen auseinanderdrücken und darauf den Knoblauch verteilen. Den Fenchel mittig darauf platzieren und mit dem Pizzateig ummanteln. Die Teigränder gut festdrücken, dann auf ein Blech setzen und im vorgeheizten Backofen bei 180 °C (Ober-/Unterhitze) etwa 1 Stunde backen.

Kurz vor dem Anrichten den Fenchel im Teigmantel quer mit einem Sägemesser aufschneiden und den Teigmantel aufklappen. Anschließend den knusprigen Pizzateig sowie den weich geschmorten Fenchel in kleine Stücke schneiden.

PAPRIKA-CHILI-MAYO

Die Spitzpaprika auf ein Blech legen und im vorgeheizten Backofen bei 160 °C (Ober-/Unterhitze) je nach Größe 30–45 Minuten sehr weich backen. Dann abkühlen lassen und die Haut abziehen. Die Stielansätze abtrennen und die Samen entfernen. Die Paprikafilets in einen leistungsstarken Mixer füllen. Das Eigelb zugeben und fein mixen. Den Chili und beide Paprikapulver zugeben. Während der Mixer läuft, das Olivenöl einlaufen lassen und zu einer cremigen Emulsion mixen. Die Burrata und etwas frisch gepressten Zitronensaft zugeben und noch mal alles kräftig durchmixen. Die Paprika-Chili-Mayo mit Salz abschmecken.

KUMQUATS-OLIVEN-VINAIGRETTE

Die Kumquats längs vierteln, die Kerne entfernen und sehr fein hacken. Die Kumquats mit etwas Olivenöl von den eingelegten Oliven vermengen. Die Oliven vom Stein befreien und fein hacken. Das Fenchelgrün ebenfalls fein hacken und zugeben. Alles gut mit einem Löffel vermengen.

GOBBETTI MIT KAROTTEN
und Schafskäse

GESCHMORTE KORIANDER-KAROTTEN

– 4 junge Karotten
– 30 g Butter
– 20 g Olivenöl
– 1 Prise Madras-Curry
– 1 Prise Koriandersamen
– etwas Salz

GOBBETTI MIT KAROTTEN-SCHAFSKÄSE-SAUCE

– 6 Karotten
– 200 g Gobbetti
  (kleine Hörnchen-Hartweizenpasta)
– etwas Salz
– 50 g Butter
– 3 g Madras-Curry
– 25 g Ölsaaten-Mix (Sonnenblumen-
  kerne, Kürbiskerne, Pinienkerne)
– 1 Schaf-Frischkäse-Rolle
– 30 g kalte Butter zum Binden
– Parmesan am Stück
– 20 g Olivenöl
– 1 Prise Piment d'Espelette
– 1 Schale Frühlings-Schnittkresse,
  frisch vom Gärtner, oder andere
  würzig-scharfe Kresse

GETRÄNKE-TIPP: »KAROGINI«

– Eiswürfel
– frisch gepresster Karottensaft
– Blue Gin
– eisgekühlter Prosecco
– frisch gepresster Limettensaft

GESCHMORTE KORIANDER-KAROTTEN

Die Karotten putzen und schälen. Die Butter und das Olivenöl in einem Bräter zerlassen. Die ganzen Karotten darin langsam und bei milder Hitze etwa 15 Minuten rundherum mit leichten Röststoffen braten. Dann mit etwas Madras-Curry und angedrückten Koriandersamen würzen und weitere 10–15 Minuten schmoren, bis die Karotten weich sind, aber noch leicht Biss haben. Zum Schluss mit Salz würzen.

GOBBETTI MIT KAROTTEN-SCHAFSKÄSE-SAUCE

Die Karotten waschen, putzen und in einem Zentrifugal-Entsafter zu Karottensaft verarbeiten. Die Pasta in reichlich sprudelnd kochendem Salzwasser sehr bissfest garen. Währenddessen die Butter in einer Sauteuse zerlassen. Etwas Madras-Curry und die Ölsaaten zugeben und kurz anrösten. Dann mit dem Karottensaft ablöschen und aufkochen lassen. Anschließend den Schafskäse zugeben und unter Rühren auflösen. Die Karotten-Schafskäse-Sauce mit Salz und Madras-Curry abschmecken und mit kalter Butter binden. Die sehr bissfest gegarten Gobbetti abgießen und tropfnass in die Sauce geben. Alles gut durchschwenken und die Pasta in wenigen Minuten fertig ziehen lassen. Dann den frisch geriebenen Parmesan nach und nach zugeben, gut durchschwenken und mit etwas Olivenöl und Piment d'Espelette verfeinern. Zum Schluss reichlich frische Schnittkresse auf die gebundene und leicht cremige Pasta geben.

GETRÄNKE-TIPP: »KAROGINI«

Einige Eiswürfel in hohe Cocktail- oder Weingläser geben. Den Karottensaft einfüllen und etwas Gin zugeben. Dann mit eisgekühltem Prosecco auffüllen und mit frisch gepresstem Limettensaft beträufeln. Alles gut durchrühren und genießen.

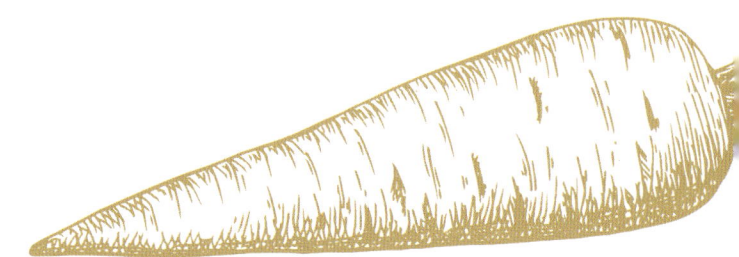

Anrichten

Die geschmorten Koriander-Karotten
dekorativ auf Tellern anrichten und
mit dem Schmorbratensaft beträufeln.
Daneben die Gobbetti mit Karotten-
Schafskäse-Sauce geben und mit
reichlich frischer Kresse bestreuen.

Anrichten

Die Käse-Lauchknödel auf Tellern
anrichten und mit dem Krautsalat servieren.

KÄSE-LAUCHKNÖDEL
mit Krautsalat

KÄSE-LAUCHKNÖDEL

– 2 Lauchstangen

– etwas Salz

– 1 weiße Zwiebel

– 350 g geschnittenes Knödelbrot
   (2–3 Tage altes Weißbrot, nicht zu
   trocken)

– 80 g Butter

– 50 g reifer Camembert

– 100 g Magerquark

– 3 Eier

– 50 g Weizenmehl

– 50 g Südtiroler Graukäse

– 50 g würziger Schnittkäse,
   der gut schmilzt

– 50 g Ziegenhartkäse

– 1 Prise Pfeffer

– etwas Parmesan am Stück

– 1 kleines Bund Schnittlauch

KRAUTSALAT

– 1 Weißkohl

– 100 g Staudensellerie

– 2 Chicorée

– 1 süß-säuerlicher Apfel

– 100 g weiße Tafeltrauben

– 1 Lauchstange, helle Bestandteile

– 50 g Butter

– 20 g Olivenöl

– 10 ml Weißweinessig

– 1 Prise Salz

– 1 Prise Pfeffer

– 1 EL geröstetes Sesamöl

KÄSE-LAUCHKNÖDEL

Den Lauch putzen und waschen. Die dunkelgrünen Bestandteile in Salzwasser blanchieren und in kaltem Wasser abschrecken. Die hellen Bestandteile fein würfeln. Die Zwiebel schälen und fein würfeln. Das Knödelbrot in eine große Schüssel geben.

Die Zwiebel- und Lauchwürfel in der Hälfte der (zerlassenen) Butter farblos dünsten. Den Camembert zerrupfen und mit den Zwiebeln kurz andünsten, bis er schmilzt. Diese Zwiebelmischung zum Knödelbrot geben. Das abgetropfte Lauchgrün zusammen mit dem Magerquark und den Eiern mixen, dann ebenfalls zum Knödelbrot geben. Etwas Weizenmehl darüberstäuben. Den Graukäse und den Schnittkäse in kleine Würfel schneiden und zugeben. Den Ziegenhartkäse fein darüberreiben. Alles zusammen mit beiden Händen locker vermengen, bis alles gut verbunden ist. Keinesfalls die Knödelmasse zu sehr kneten. Die Knödelmasse mit Salz und Pfeffer abschmecken. Dann mit nassen Händen etwa 60 Gramm schwere Knödel formen. Währenddessen reichlich Wasser in einem großen Topf aufkochen und salzen. Die Knödel im leicht siedenden Salzwasser etwa 15 Minuten gar ziehen lassen, dabei keinesfalls kochen lassen. Die zweite Hälfte Butter in einer Pfanne aufschäumen und leicht braun werden lassen. Die Knödel aus dem Wasser schöpfen und tropfnass in der gebräunten Butter kurz anrösten. Dann etwas Parmesan darüberreiben und mit Pfeffer würzen. Den Schnittlauch in feine Röllchen schneiden und zum Schluss darüberstreuen.

KRAUTSALAT

Den Weißkohl putzen und in feine Streifen schneiden. Die Selleriestangen putzen und in feine Scheiben schneiden. Den Chicorée längs halbieren und in feine Streifen schneiden. Den Apfel vierteln, das Kerngehäuse herausschneiden und in dünne Scheiben schneiden. Die Tafeltrauben halbieren. Alles zusammen in einer großen Schüssel vermengen. Für die Vinaigrette den geputzten Lauch in feine Würfel schneiden. Die Butter in einer Pfanne aufschäumen lassen. Etwas Olivenöl zugeben und darin die Lauchwürfel farblos andünsten. Den Weißweinessig zugeben. Diese Vinaigrette mit Salz und Pfeffer würzen und warm über den Krautsalat geben. Alles zusammen mit den Händen gut vermengen und mit Salz, Weißweinessig und geröstetem Sesamöl abschmecken.

Tipp: Knödel werden klassisch mit dem Löffel geteilt und keinesfalls mit dem Messer auseinandergeschnitten – in letzterem Fall wäre der Knödel zu fest und kein Kompliment an die Köchin oder den Koch!

PARISER PAPRIKA-
Gnocchi

PAPRIKA-GNOCCHI (GNOCCHI À LA PARISIENNE)

- 150 g Butter
- 150 g helles, glattes Weizenmehl
- 300 g Saft aus roten Paprikaschoten, frisch entsaftet
- 1 TL geräuchertes mildes Paprikapulver
- 1 Prise Piment d'Espelette
- etwas Salz
- 75 g frisch geriebener Parmesan
- 2 Eier

MANDEL-BASILIKUM-PESTO MIT OLIVEN

- 30 g Mandelkerne
- 1 Handvoll frisches Basilikum
- 2 Knoblauchzehen
- 25 g ligurische Taggiasca-Oliven ohne Stein
- 25 g frisch geriebener Parmesan
- etwas gerebelter Oregano
- 1 Prise Salz

GELBER PAPRIKAFOND MIT BUTTER

- 200 ml Saft aus gelben Paprikaschoten, frisch entsaftet
- 1 unbehandelte Zitrone
- 1 Prise Piment d'Espelette
- ½ TL mildes Currypulver
- etwas Salz
- 20 g Olivenöl
- 40 g Butter

WEITERE ZUTATEN

- etwas Olivenöl
- etwas frisch geriebener Parmesan
- 1 Prise Piment d'Espelette
- etwas Pfeffer
- 1 unbehandelte Limette

PAPRIKA-GNOCCHI (GNOCCHI À LA PARISIENNE)

Die Butter in einem Topf aufschäumen lassen. Das Weizenmehl zugeben und mit dem Schneebesen verrühren, bis die Masse andickt. Stetig weiterrühren und nach und nach den frischen Paprikasaft zugießen. Das Paprikapulver, etwas Piment d'Espelette und etwas Salz zugeben. Dann die Brandmasse mit einem Gummispatel etwa 1 Minute rösten, bis sich die Masse in einem großen Kloß vom Topfboden löst. Die Brandmasse in eine Schüssel umfüllen und nur leicht abkühlen lassen. Den frisch geriebenen Parmesan zugeben und mit den Quirlen des Handrührgerätes unterrühren. Dann weiterrühren und die Eier einzeln unterarbeiten, bis ein glatter glänzender Brandteig entstanden ist. Den Brandteig in einen Spritzbeutel mit glatter Tülle füllen. Reichlich Salzwasser aufkochen. Den Brandteig in das leicht siedende Salzwasser spritzen, kurz ziehen lassen und mit einer Schere in etwa 2 Zentimeter lange Stücke auseinanderschneiden. Oder den Spritzbeutel in das leicht siedende Salzwasser halten, etwas Brandteig herausdrücken und mit einem Messer dicht an der Tülle abschneiden. So nach und nach die einzelnen Gnocchi abtrennen. Das Wasser nicht kochen lassen und die Gnocchi à la Parisienne etwa 10 Minuten ziehen lassen. Dann mit einer Schöpfkelle herausschöpfen und tropfnass in den heißen Paprikafond (siehe Teilrezept) gleiten lassen.

MANDEL-BASILIKUM-PESTO MIT OLIVEN

Die Mandelkerne und das Basilikum in einen Mörser geben. Den Knoblauch schälen, fein hacken und zugeben. Die Oliven, den frisch geriebenen Parmesan und etwas gerebelten Oregano zugeben. Alles zusammen zu einem groben Pesto zerstoßen und leicht mit Salz würzen.

GELBER PAPRIKAFOND MIT BUTTER

Den gelben Paprikasaft aufkochen und mit etwas frisch geriebener Zitronenschale, Piment d'Espelette, mildem Currypulver und Salz würzen. Mit Olivenöl verfeinern und die Butter zugeben. Die tropfnassen Gnocchi in den nur leicht sämig gebundenen Paprikafond geben, durchschwenken und 1–2 Minuten ziehen lassen. Zum Schluss etwas Mandel-Basilikum-Pesto unterrühren.

Anrichten

Die Gnocchi à la Parisienne samt dem Paprikafond auf tiefe Teller verteilen. Dann mit etwas Olivenöl beträufeln und mit frisch geriebenem Parmesan bestreuen. Mit etwas Piment d'Espelette und Pfeffer bestreuen und zum Schluss etwas Limettenschale darüberreiben.

Anrichten

Die Spinat-Pasta in tiefe Teller füllen und darauf grob
zerpflückten Schaf-Frischkäse geben. Die marinierten
frischen Spinatblätter darauf drapieren und zum Schluss
mit den gerösteten Pinienkernen bestreuen.

SPINAT-PASTA
mit Schafskäse und Pinienkernen

PASTA

- 1 Zwiebel
- 50 g Butter
- ½ TL geschrotete Knoblauchflakes
- 200 ml heißer Gemüsefond
- 150 g Puntalette (Hartweizenpasta in Form eines Reiskorns)
- 1 Prise frisch geriebene Muskatnuss
- etwas Salz
- 1 Prise Pfeffer
- Rahmspinat (siehe Teilrezept)
- 1 unbehandelte Zitrone
- 1 Prise Umami-Gewürzzubereitung
- 50 g frisch geriebener Parmesan
- 40 g kalte Butterwürfel zum Binden

RAHMSPINAT

- 400 g frische junge Spinatblätter
- 1 Zwiebel
- 20 g Butter
- etwas Salz
- 50 g Sahne

MARINIERTER SPINAT UND GERÖSTETE PINIENKERNE

- 1 EL Pinienkerne
- 10 g Olivenöl
- etwas Salz
- 1 Handvoll gewaschene frische junge Spinatblätter (siehe Teilrezept »Rahmspinat«)

WEITERE ZUTATEN

- 1 Schaf-Frischkäse-Rolle

PASTA

Die Zwiebel schälen und fein würfeln. Etwas Butter in einem Topf zerlassen und darin die Zwiebeln zusammen mit einigen Knoblauchflakes farblos anschwitzen. Mit heißem Gemüsefond aufgießen und aufkochen. Die Puntalette einrieseln lassen. Etwas frisch geriebene Muskatnuss, Salz und Pfeffer zugeben. Die Nudeln bissfest kochen. Sobald die Pasta die Flüssigkeit beinahe aufgesogen hat, wieder etwas heißen Gemüsefond angießen. Währenddessen den Rahmspinat zubereiten (siehe Teilrezept). Den Rahmspinat unter die fertige Pasta rühren und mit Salz, Pfeffer, frisch geriebener Zitronenschale und Umami-Gewürzzubereitung würzen. Den frisch geriebenen Parmesan und die kalte Butter zugeben, alles cremig verrühren und binden. Zum Schluss die Spinat-Pasta nochmals abschmecken und mit frisch gepresstem Zitronensaft verfeinern.

RAHMSPINAT

Die Spinatblätter verlesen, waschen und trocken schleudern. Ungefähr 2 Hände voll für den marinierten Spinat beiseitestellen (siehe Teilrezept). Die Zwiebel schälen und fein würfeln. Die Butter in einer Pfanne zerlassen und die Zwiebeln darin farblos anschwitzen. Dann die Spinatblätter zugeben, die Pfanne mit einem Deckel verschließen und den Spinat zusammenfallen lassen. Den Spinat salzen und durchschwenken. Mit der Sahne ablöschen und kurz aufkochen. Den gesamten Pfanneninhalt in einen leistungsstarken Mixer füllen und zu einer Creme mixen.

MARINIERTER SPINAT UND GERÖSTETE PINIENKERNE

Die Pinienkerne zusammen mit ein paar Tropfen Olivenöl in einer Pfanne goldgelb rösten. Die gerösteten Pinienkerne leicht salzen und aus der Pfanne nehmen. Die frischen Spinatblätter leicht salzen, mit ein paar Tropfen Olivenöl beträufeln und behutsam vermengen.

Anrichten ✐

Die Rote-Bete-Gnocchi mittig auf tiefen Tellern anrichten. Rundherum die leicht geschäumte Meerrettich-Sauce angießen und Dill-Öl zugeben. Zum Schluss etwas Pinzgauer-Schotten-Käse fein darüberreiben und mit Dillspitzen garnieren.

ROTE-BETE-GNOCCHI
mit Meerrettich-Schaum

ROTE-BETE-GNOCCHI

– 250 g mehligkochende Kartoffeln

– etwas Salz

– 250 g frische Rote-Bete-Knollen

– 20g feines Rote-Bete-Pulver

– 100 g Ricotta

– 2 Eigelb

– 125 g helles, glattes Weizenmehl und etwas mehr zum Arbeiten

.

ROTE-BETE-GNOCCHI FERTIGSTELLEN

– 40 g Butter

– 100 g Rote-Bete-Saft (siehe Teilrezept »Rote-Bete-Gnocchi«), ersatzweise Rote-Bete-Pulver mit Wasser verrührt

– etwas Pinzgauer Schotten (geräucherter Molkekäse), ersatzweise Parmesan am Stück

– 1 Prise Pfeffer

MEERRETTICH-SCHAUM

– 2 Schalotten

– 375 ml trockener Weißwein

– 200 ml Gemüsefond

– 80 g Sahne

– 1 EL geriebener Meerrettich (ohne Sahne) aus dem Glas

– 1 Prise Salz

DILL-ÖL

– 1 Bund frischer Dill

– reichlich Traubenkernöl

– 1 Prise Salz

WEITERE ZUTATEN

– reichlich Pinzgauer Schotten, ersatzweise Parmesan am Stück

– frische Dillspitzen

ROTE-BETE-GNOCCHI

Die Kartoffeln in Salzwasser gar kochen, ausdampfen lassen und pellen. Nach dem Abkühlen durch eine Kartoffelpresse drücken und 500 Gramm abwiegen. Die Rote Bete schälen. Eine Schüssel mit einem Küchentuch auskleiden und die rohen Rote-Bete-Knollen sehr fein reiben. Dann gut ausdrücken und den Saft auffangen. Den Rote-Bete-Saft beiseitestellen. Die ausgepressten Roten Bete zusammen mit dem Rote-Bete-Pulver, dem Ricotta und dem Eigelb mixen. Diese Mischung zu den Kartoffeln geben. Das Weizenmehl darüberstäuben, salzen und alles mit den Händen zu einem gebundenen Teig kneten. Aus dem Gnocchi-Teig etwa 2 Zentimeter dicke Rollen formen, diese gut in Weizenmehl wälzen und kleine Teigstücke abschneiden. Rechtzeitig reichlich Salzwasser aufkochen. Die Gnocchi in das sprudelnd kochende Salzwasser gleiten lassen und vorsichtig umrühren. Die Gnocchi bei leicht siedendem Wasser gar ziehen lassen, bis sie an der Oberfläche schwimmen.

Tipp: Beim Arbeiten mit Roter Bete am besten Einweghandschuhe verwenden.

ROTE-BETE-GNOCCHI FERTIGSTELLEN

Die Butter in einer großen Pfanne aufschäumen und leicht bräunen lassen. Dann den Rote-Bete-Saft zugießen und verrühren. Die fertigen Gnocchi aus dem Wasser schöpfen, kurz abtropfen lassen und in die Pfanne geben. Etwas Pinzgauer-Schotten-Käse fein darüberreiben und alles gut durchschwenken und glacieren. Mit Pfeffer abschmecken.

MEERRETTICH-SCHAUM

Die Schalotten schälen und sehr fein würfeln. Die Schalottenwürfel mit dem Weißwein aufkochen und auf ein Drittel einkochen. Dann den Gemüsefond zugießen und erneut mindestens um die Hälfte einkochen. Die flüssige Sahne zugießen und aufkochen. Den Meerrettich zugeben und den gesamten Topfinhalt mit dem Stabmixer fein mixen. Die leicht sämige Sauce durch ein feines Sieb passieren und mit Salz abschmecken.

DILL-ÖL

Den Dill grob schneiden und in einen hohen Mixbecher geben. Das Traubenkernöl und etwas Salz zugeben. Alles mit dem Stabmixer sehr fein durchmixen.

ROTE-BETE-KNÖDEL

– 360 g frische Rote-Bete-Knollen
  oder vorgegarte Rote Beten (aus
  dem Vakuumbeutel)
– 320 g altbackenes Weißbrot (nicht
  zu trocken, 1–2 Tage alt)
– 1 Zwiebel
– 50 g Butter
– 1 TL Koriandersamen
– ½ TL geschrotete Knoblauchflakes
  oder frischer Knoblauch
– 5 g frische Salbeiblätter
– etwas Salz
– 1 Prise Pfeffer
– 125 g Speisequark (40 % Fett)
– 20 g Aceto balsamico
– 40 g feines Rote-Bete-Pulver
– 3 Eier

SALBEI-NUSSBUTTER

– 80 g Butter
– frische Salbeiblätter
– etwas Salz

WEITERE ZUTATEN

– frischer Parmesan am Stück

ROTE-BETE-KNÖDEL

Die Rote-Bete-Knollen in Salzwasser je nach Größe 1–1,5 Stunden gar kochen, dann abgießen und abkühlen lassen. Das altbackene Weißbrot in kleine Würfel schneiden und in eine große Schüssel füllen.

Währenddessen die Zwiebel schälen und fein würfeln. Reichlich Butter in einer Pfanne schmelzen und die Zwiebeln darin glasig anschwitzen. Die Koriandersamen leicht mörsern oder mit einer Messerklinge andrücken und zusammen mit den Knoblauchflakes und den Salbeiblättern zugeben. Alles zusammen 2–3 Minuten farblos anschwitzen und mit Salz und Pfeffer würzen.

Die Rote-Bete-Knollen schälen und grob würfeln, dazu am besten mit Einweghandschuhen arbeiten und das Arbeitsbrett mit Backpapier abdecken. Die Rote-Bete-Würfel zu der Zwiebel-Salbei-Mischung geben und kurz anschwitzen. Alles zusammen durch die mittlere Scheibe des Fleischwolfes drehen oder die Mischung mit einem Messer fein hacken. Die Masse keinesfalls mixen, da die fertigen Knödel noch eine Struktur aufweisen sollen. Die Rote-Bete-Masse zu dem vorbereiteten Knödelbrot geben. Den Speisequark, etwas Aceto balsamico und etwas Rote-Bete-Pulver zugeben.

Etwas Butter in einer Pfanne zerlassen, die Eier zugeben und unter leichtem Rühren leicht stocken lassen. Die Eier zu der Knödelmasse geben und alles zusammen mit beiden Händen (Einweghandschuhe) 2–3 Minuten locker und behutsam vermengen. Die Knödelmasse keinesfalls kneten oder quetschen. Mit Salz abschmecken und am besten 45–60 Minuten zugedeckt ziehen lassen. Aus der Knödelmasse mit nassen Händen (Einweghandschuhe) glatte, runde Knödel drehen und diese in reichlich kochendes Salzwasser gleiten lassen. Etwas Rote-Bete-Pulver mit etwas kaltem Wasser glatt rühren und zum Knödelwasser geben, so laugen die Knödel nicht so aus und behalten die rote Farbe. Die Knödel etwa 12–15 Minuten bei siedendem Wasser ziehen lassen.

SALBEI-NUSSBUTTER

Reichlich Butter in einer Pfanne aufschäumen lassen. Die Salbeiblätter zugeben und bräunen lassen. Die Salbei-Nussbutter leicht mit Salz würzen.

Anrichten

Die garen Rote-Bete-Knödel aus dem
Wasser schöpfen, halbieren und mit
der Schnittfläche nach oben auf Tellern
anrichten. Dann mit frisch geriebenem
Parmesan bestreuen und mit der Salbei-
Nussbutter übergießen.

Anrichten

Die Tagliolini aglio e olio auf tiefen
Tellern anrichten und genießen.

TAGLIOLINI
aglio e olio

NUDELTEIG

- 450 g feiner Hartweizengrieß
  (Semola di grano duro)
- 150 g glattes Weizenmehl
- 250 g Eigelb
- 125 g Vollei
- 75 g Olivenöl
- etwas Salz

TAGLIOLINI AGLIO E OLIO

- Nudelteig (siehe Teilrezept)
- etwas glattes Weizenmehl zum
  Arbeiten
- 3 rote Spitzpaprika
- 3 Knoblauchzehen
- 50 g Olivenöl
- etwas Salz
- 1 Prise geschroteter Peperoncino-
  Chili, ohne Saat
- 1 Bund Rucola

NUDELTEIG

Den Hartweizengrieß, das Weizenmehl, das Eigelb, das Vollei, das Olivenöl und 1 große Prise Salz in die Rührschüssel der Küchenmaschine geben. Alles zusammen mit dem Knethaken 10 Minuten zu einem glatten, geschmeidigen Nudelteig kneten. Diesen anschließend mit den Händen nochmals gut durchkneten, in Frischhaltefolie wickeln und etwa 2 Stunden im Kühlschrank ruhen lassen.

TAGLIOLINI AGLIO E OLIO

Den Nudelteig in Portionen teilen und nach und nach in einer Nudelmaschine zu langen Teigbahnen verarbeiten. Dazu den Teig mehrmals auf größter Stufe ausrollen, die Teigbahn dabei immer wieder leicht mit Weizenmehl bestäuben und zusammenfalten. Dann erneut bei gleicher Stufe ausrollen. So wird der Teig nach und nach geschmeidig und bleibt reißfest. Anschließend die Teigbahn Stufe für Stufe dünner ausrollen. Die Teigbahnen auf eine Länge von etwa 40 Zentimeter zuschneiden und die Ränder mit einem Messer begradigen. Anschließend die Teigbahnen durch den dünnen Bandnudelaufsatz drehen. Die Nudeln mit etwas Weizenmehl bestäuben und locker über einen Pastatrockner oder einen langen Besenstiel hängen oder auf ein großes Holzbrett legen. Die Tagliolini etwa 30 Minuten antrocknen lassen. Die Nudeln kann man auch auf Vorrat zubereiten und über Nacht trocknen lassen, dann vor Feuchtigkeit geschützt lagern.

Für die Sauce die Spitzpaprika putzen, längs halbieren und in feine Streifen schneiden. Die Knoblauchzehen schälen und fein hacken. Reichlich Olivenöl in einer Pfanne erhitzen und darin den Knoblauch farblos anbraten. Die Paprikastreifen zugeben und mit Salz würzen. Alles gut durchschwenken und ohne Farbe weiterbraten. Etwas Peperoncino-Chili zugeben. Mit etwas Wasser ablöschen und aufkochen. Erneut etwas Olivenöl zugeben und 1–2 Minuten sanft köcheln lassen. Währenddessen den Rucola fein hacken. Die leicht sämige Sauce kräftig mit Salz abschmecken. Anschließend die ungekochten Tagliolini in die Sauce geben und etwas Wasser zugeben. Alles aufkochen und durchschwenken. Den gehackten Rucola zugeben und immer wieder mit einem Schluck Wasser auffüllen. Alles immer wieder gut durchschwenken und so die Nudeln al dente garen.

Hauptdarsteller

Gemüse

Anrichten

Je 1 Hälfte gerösteten Brokkoli auf einen Teller legen
und rundherum die Parmesancreme angießen. Dann
mit etwas Olivenöl beträufeln und mit den Zwiebeln
und den Räuchermandeln bestreuen.

BROKKOLI
mit Parmesancreme und Mandeln

GERÖSTETER BROKKOLI

– 80 g weiche Butter

– 1 Prise Salz

– 1 großer Kopf Brokkoli

– etwas Olivenöl

– 1 unbehandelte Zitrone

PARMESANCREME

– 250 ml trockener Weißwein

– 150 g Parmesan- oder
   Grana-Padano-Rinden

– Zwiebelabschnitte (siehe Teilrezept
   »Zwiebeln mit Räuchermandeln«)

– 1 Prise geräuchertes mildes
   Paprikapulver

– 80 g Sahne

– 1 Prise Pfeffer

– 1 Prise Salz

ZWIEBELN MIT RÄUCHER-MANDELN

– 2 junge Tropea-Zwiebeln

– 20 g Butter

– 10 g Olivenöl

– 20 g geräucherte Mandelkerne

WEITERE ZUTATEN

– etwas Olivenöl

GETRÄNKETIPP: WERMUT-COCKTAIL MIT ZITRONE

– Eiswürfel

– Wermut 17 % vol.

– 1 Bio-Zitrone

GERÖSTETER BROKKOLI

Die weiche Butter cremig rühren und mit Salz würzen. Den Brokkoli-Kopf rundherum mit der Butter einreiben. Dann den Brokkoli samt dem Strunk längs halbieren und den Strunk mit einem kleinen spitzen Messer zahlreich einstechen. Etwas Olivenöl in einem Bräter erhitzen, die Brokkolihälften mit den Schnittflächen nach unten hineinlegen und kurz anbraten. Dann etwas Zitronenschale darüberreiben. Den Bräter in den vorgeheizten Backofen schieben und den Brokkoli bei 170 °C (Umluft) etwa 30 Minuten weich garen und knusprig rösten.

PARMESANCREME

Den Weißwein in einem Topf aufkochen. Die Käserinden und die Zwiebelabschnitte zugeben und mit geräuchertem Paprikapulver würzen. Die Käserinden etwa 3–4 Minuten köcheln lassen, dann mit etwas Wasser auffüllen. Die Sahne zugießen und etwas Pfeffer zugeben. Alles zusammen etwa 10 Minuten weiterköcheln, bis die Käserinde leicht weich und von gummiartiger Konsistenz ist. Dann den gesamten Topfinhalt in einen leistungsstarken Mixer füllen und gut durchmixen. Die Parmesancreme mit Salz abschmecken.

ZWIEBELN MIT RÄUCHERMANDELN

Die Zwiebeln putzen, längs halbieren und die weißen Bestandteile in feine Streifen schneiden. Die Zwiebelabschnitte zum Parmesansud (siehe Teilrezept »Parmesancreme«) geben und mitköcheln lassen. Butter und Olivenöl in einer Pfanne erhitzen und die Zwiebeln darin farblos anschwitzen. Die Mandelkerne mit der Messerklinge zerdrücken, grob hacken und zugeben. Alles zusammen durchschwenken und leicht anrösten. Dann vom Herd nehmen.

GETRÄNKETIPP: WERMUT-COCKTAIL MIT ZITRONE

Reichlich Eiswürfel in ein hohes Glas füllen und mit Wermut aufgießen. Einen breiten Streifen Zitronenschale abschälen. Die Zitronenschale über das Glas halten und mit beiden Händen verdrehen, sodass die ätherischen Öle freigesetzt werden und so den Drink parfümieren. Die Zitronenschale ins Glas geben. Alles kurz verrühren und genießen.

FRITTIERTE MAIS-KRAPFERL
mit Popcorn-Creme

POPCORN

- 1 TL Maiskeimöl
- 80 g getrockneter Popcorn-Mais

POPCORN-CREME

- frisches Popcorn (siehe Teilrezept)
- etwas Wasser
- 1 Ei
- Lemon-Curry-Gewürzmischung oder andere Curry-Gewürzmischung
- geschroteter Peperoncino-Chili, ohne Saat
- 10 g frisch gepresster Zitronensaft
- reichlich Maiskeimöl
- Salz

MAIS-KRAPFERL

- 2 frische Maiskolben, ersatzweise vorgegarte Maiskörner
- 60 g Maisstärke
- 50 g feiner Maisgrieß für Polenta
- 50 g helles, glattes Weizenmehl
- Lemon-Curry-Gewürzmischung
- zerstoßene Eiswürfel
- Wasser
- Salz
- 1 l Maiskeimöl zum Frittieren

GESCHMORTER PAK CHOI

- 4 Baby-Pak-Choi
- 10 g Maiskeimöl
- 15 g Ingwer
- geschrotete Knoblauchflakes
- 1 Prise Salz
- frisch gepresster Zitronensaft von ½ Zitrone
- 20 ml Sojasauce

WEITERE ZUTATEN

- Piment d'Espelette

POPCORN

1 TL Maiskeimöl in einem großen Topf erhitzen. Die getrockneten Popcorn-Maiskörner zugeben und den Topf unbedingt mit einem Deckel verschließen. Die Popcorn-Maiskörner bei mittlerer Hitze weiter erhitzen und warten, bis alle Maiskörner gepoppt sind, dabei öfters den geschlossenen Topf rütteln und die Hitze kontrollieren. Das fertige Popcorn aus dem Topf nehmen und abkühlen lassen.

POPCORN-CREME

Das Popcorn in einen Mixer füllen, dabei harte ungepoppte Maiskörner aussortieren. Etwas Wasser und das Ei zugeben. Alles zusammen kräftig und fein mixen. Dann mit dem Curry und geschrotetem Peperoncino-Chili würzen. Etwas Zitronensaft darüberträufeln und nochmals gut durchmixen. Die Creme in einen hohen Mixbecher füllen und mit einem Stabmixer aufmixen. Während des Mixens das Maiskeimöl nach und nach in einem dünnen Strahl einlaufen lassen. Den Stabmixer dabei langsam von unten nach oben bewegen und weitermixen, bis eine cremige Emulsion entstanden ist. Die Popcorn-Creme mit Salz abschmecken und nach Belieben in eine Kunststoffspritzflasche füllen.

MAIS-KRAPFERL

Die Maiskörner mit einem Messer von den Maiskolben schneiden und in eine Schüssel füllen. Für den Maisteig die Maisstärke, den Maisgrieß, das Weizenmehl und das Curry in eine separate Schüssel füllen und vermischen. Einige zerstoßene Eiswürfel zugeben und mit etwas kaltem Wasser zu einem dickflüssigen Teig verrühren. Den Maisteig mit Salz würzen und zuerst die Hälfte über die Maiskörner geben. Alles zusammen gut vermengen, dann den restlichen Teig untermengen. Die Masse darf keinesfalls zu flüssig sein. Reichlich Maiskeimöl in einem Topf auf 175–180 °C erhitzen. Die Maismasse mithilfe von zwei Esslöffeln nach und nach in das heiße Maiskeimöl geben und goldgelb frittieren. Die fertigen Mais-Krapferl mit einer Schaumkelle aus dem heißen Öl schöpfen und auf einem Küchentuch kurz abtropfen lassen.

GESCHMORTER PAK CHOI

Den Pak Choi putzen und längs halbieren. Den Strunk mit einem spitzen Messer einschneiden, damit er gleichmäßig gart. Etwas Maiskeimöl in einer Pfanne erhitzen. Den Pak Choi mit der Schnittfläche nach unten darin scharf anbraten. Den Ingwer schälen und fein hacken. Den Pak Choi wenden und den gehackten Ingwer, einige Knoblauchflakes und etwas Salz zugeben. Dann mit frisch gepresstem Zitronensaft und Sojasauce ablöschen. Etwas Wasser zugeben und den Pak Choi zugedeckt bissfest schmoren lassen.

Anrichten

Den geschmorten Pak Choi auf Tellern an-
richten und mit dem Schmorsaft beträufeln.
Dann die frittierten Mais-Krapferl darauf-
setzen. In die Zwischenräume einige Tupfen
Popcorn-Creme spritzen. Zum Schluss mit
Piment d'Espelette bestreuen.

Anrichten

Die Tomaten in fingerdicke Scheiben schneiden. Je 1 große Tomatenscheibe mittig auf Teller legen und mit grobem Meersalz bestreuen. Etwas Olivenöl darüberträufeln. Den Basilikum-Mascarpone darauf verteilen und mit reichlich marinierten Brotwürfeln bedecken. Die gebratenen Kräuter-Zucchini dekorativ darauf anrichten. Zum Schluss mit den gebratenen Kräuterzweigen garnieren und mit grobem Meersalz bestreuen.

PAN CON
Tomate

PAN CON TOMATE

- 1 frisches Baguette oder anderes knuspriges Stangenweißbrot
- 4 reife aromatische Strauchtomaten
- 2 Knoblauchzehen
- 1 junge Tropea-Zwiebel
- etwas Salz
- ½ TL gerebelter Oregano
- 1 Prise geschroteter Peperoncino-Chili ohne Saat
- 10 g Olivenöl

MEDITERRANE KRÄUTER-ZUCCHINI

- 6 Mini-Zucchini oder sehr junge Zucchini
- 20 g Olivenöl
- etwas grobes Meersalz
- 2 frische Thymianzweige
- 2 frische Salbeizweige
- 2 frische Rosmarinzweige
- 1 Knoblauchzehe
- 1 Prise Piment d'Espelette

BASILIKUM-MASCARPONE MIT PINIENKERNEN

- 1 EL Pinienkerne
- 100 g Mascarpone
- 1 Prise Salz
- 1 unbehandelte Zitrone
- 20 g Olivenöl
- 5 g Basilikumblätter

WEITERE ZUTATEN

- 1 große vollreife, aromatische orange- oder rotfleischige Fleischtomate oder Ochsenherztomate
- etwas grobes Meersalz
- etwas Olivenöl

PAN CON TOMATE

Das Weißbrot in Würfel schneiden. Den Strunk der Tomaten herausschneiden. Die ganzen Tomaten mit einer Rohkostreibe grob raffeln und die übrig bleibende Schale entsorgen. Den Knoblauch schälen, sehr fein reiben und unter die Tomaten mengen. Die Zwiebel putzen, fein schneiden und untermengen. Die Tomaten mit Salz, gerebeltem Oregano, Peperoncino-Chili und Olivenöl aromatisch abschmecken. Die Brotwürfel zugeben, alles gut vermengen und 5–10 Minuten ziehen lassen.

MEDITERRANE KRÄUTER-ZUCCHINI

Die Zucchini putzen und je nach Größe längs halbieren oder vierteln. Das Olivenöl in einer Pfanne erhitzen und die Zucchini darin mit der Schnittfläche nach unten anbraten. Dann etwas grobes Meersalz, die Kräuterzweige und die geschälten Knoblauchzehen zugeben. Alles zusammen scharf anbraten. Etwas Piment d'Espelette zugeben und gut durchschwenken.

BASILIKUM-MASCARPONE MIT PINIENKERNEN

Die Pinienkerne in einer Pfanne ohne Ölzugabe rösten, aus der Pfanne nehmen und abkühlen lassen. Den Mascarpone mit Salz, frisch geriebener Zitronenschale und Olivenöl würzen. Die Basilikumblätter fein schneiden und mit den abgekühlten Pinienkernen untermengen.

Anrichten

Die Selleriespalten auf Tellern anrichten und mit der heißen Taleggio-Creme überziehen. Die marinierten Trauben darauf verteilen und reichlich Haselnuss-Speck-Croûtons darübergeben. Zum Schluss den Schnittlauch in feine Röllchen schneiden und darüberstreuen.

SELLERIE MIT TALEGGIO-CREME
und Speck

OFEN-SELLERIE

– 1 Knollensellerie

– etwas grobes Meersalz

– 20 g Olivenöl

TALEGGIO-CREME

– 250 g Taleggio oder Fontina

– 100 g Sahne

– 1 Prise geschroteter Pfeffer

HASELNUSS-SPECK-CROÛTONS

– 50 g roh geräucherter Bauchspeck

– 4 Schwarzbrotscheiben

– 10 g Haselnusskerne

– 40 g Butter

MARINIERTE TRAUBEN

– 50 g helle Tafeltrauben

– 1 Prise geschroteter Pfeffer

– 10 ml heller Balsamessig

– etwas neutrales Pflanzenöl

WEITERE ZUTATEN

– frischer Schnittlauch

OFEN-SELLERIE

Den Knollensellerie samt der Schale dicht in Alufolie wickeln und im Backofen bei 200 °C (Ober-/Unterhitze) etwa 2 Stunden weich garen. Den garen Sellerie in dicke Spalten schneiden und die Schale abtrennen. Die Selleriespalten mit grobem Meersalz würzen und mit etwas Olivenöl beträufeln.

TALEGGIO-CREME

Den Taleggio entrinden und in Würfel schneiden. Die Sahne in einem Topf erhitzen. Die Käsewürfel und reichlich Pfeffer zugeben. Alles zusammen unter Rühren erhitzen, bis der Käse geschmolzen und die Creme gebunden ist.

HASELNUSS-SPECK-CROÛTONS

Den Bauchspeck klein würfeln. Das Schwarzbrot in kleine Würfel schneiden. Die Haselnusskerne grob hacken. Reichlich Butter in einer Pfanne aufschäumen. Die Speck- und Brotwürfel zugeben und durchschwenken. Dann die Haselnüsse zugeben und alles zusammen anrösten. Je nach Bedarf noch mal etwas Butter zugeben.

MARINIERTE TRAUBEN

Die Trauben halbieren und in etwas Pfeffer, hellem Balsamessig und Pflanzenöl marinieren.

GEBRATENER BLUMENKOHL

>>Carbonara<<

GEBRATENER BLUMEN-KOHL

– 1 großer Blumenkohl
– 90 g Butter
– 1 Prise Salz

BLUMENKOHL-SAHNE-PFEFFER-CREME

– 100 g Sahne
– Blumenkohlabschnitte (siehe Teilrezept »Gebratener Blumenkohl«)
– 1 ganze Macis (Muskatblüte)
– 1 Prise Pfeffer
– 1 Prise Salz
– 30 g Parmesan am Stück

SPECK-SESAM-BUTTER-BRÖSEL

– 50 g fetter Speck vom Mangalitza-Schwein, ersatzweise Südtiroler Speck
– 30 g Butter
– 80 g getrocknete Weißbrotbrösel oder Semmelbrösel
– 10 g Sesamsamen

EI-SCHNITTLAUCH-EMULSION

– 2 Eigelb
– etwas Sojasauce
– warme Speckbutter (siehe Teilrezept »Speck-Sesam-Butterbrösel«)
– 20 g Schnittlauch

GEBRATENER BLUMENKOHL

Den Blumenkohl putzen und in grobe Röschen teilen. Die Abschnitte und Strunkansätze klein würfeln und für die Zubereitung der Blumenkohl-Sahne-Pfeffer-Creme beiseitestellen. Reichlich Butter in einer Pfanne aufschäumen und die Blumenkohlröschen darin rundherum goldbraun rösten und leicht salzen. Die angebratenen Blumenkohlröschen auf einem Blech verteilen und im vorgeheizten Backofen bei 160 °C (Ober-/Unterhitze) in etwa 20 Minuten fertig garen. Die Pfanne mit dem Bratansatz für die Zubereitung der Speck-Sesam-Brösel beiseitestellen.

BLUMENKOHL-SAHNE-PFEFFER-CREME

Die Sahne zusammen mit den fein geschnittenen Blumenkohlabschnitten in einem Topf aufkochen. Etwas ganze Muskatblüte zugeben und mit reichlich Pfeffer würzen. Dann leicht salzen und köcheln lassen, bis der Blumenkohl weich ist. Den Parmesan fein reiben und zugeben. Anschließend den gesamten Topfinhalt in einen Mixer füllen und alles zusammen zu einer feinen Creme mixen. Die Blumenkohl-Sahne-Pfeffer-Creme nochmals mit Salz abschmecken und warm halten.

SPECK-SESAM-BUTTERBRÖSEL

Den Speck fein würfeln. Die bereitgestellte Pfanne mit dem Butter-Bratansatz erhitzen und die Speckwürfel darin auslassen. Die krossen Speckwürfel durch ein Sieb abgießen, dabei die abtropfende Speckbutter auffangen und für die Zubereitung der Ei-Schnittlauch-Emulsion warm halten. Die Butter in derselben Pfanne aufschäumen. Die Weißbrotbrösel und den Sesam zugeben und goldbraun rösten. Dann die krossen Speckwürfel dazugeben und alles vermengen. Die Speck-Sesam-Butterbrösel aus der Pfanne nehmen.

EI-SCHNITTLAUCH-EMULSION

Das Eigelb mit etwas Sojasauce würzen. Dann nach und nach etwas warme Speckbutter zugeben und zu einer Emulsion verrühren. Den Schnittlauch in feine Röllchen schneiden und untermengen.

Anrichten

Die Blumenkohl-Sahne-Pfeffer-Creme mittig auf Teller
geben und zu einem runden Spiegel verteilen. Die gerösteten
Blumenkohlröschen auf die Creme setzen. Dann mit Eigelb-
Schnittlauch-Emulsion beträufeln und mit reichlich Speck-
Sesam-Butterbröseln bestreuen.

Anrichten

Die krossen Auberginen dekorativ auf Tellern stapeln und mit dem knusprigen Thai-Schwein bestreuen. In die Zwischenräume einige Tupfen Miso-Mayo spritzen. Zum Schluss etwas frisch geriebene Limettenschale darüberreiben, mit Peperoncino-Chili bestreuen und mit Koriandergrün garnieren.

AUBERGINEN-TEMPURA,
Miso-Mayo mit Thai-Schwein

AUBERGINEN-TEMPURA

– 2 große Auberginen

– 1 Prise Salz

– 25 ml Sojasauce mit gebr. Lauchöl

– 1 unbehandelte Zitrone

– eiskalter Tempurateig

– reichlich neutrales Pflanzenöl (z. B. Sonnenblumenöl) zum Frittieren

– etwas frisch gepressten Zitronensaft

TEMPURATEIG

– 200 g helles, glattes Weizenmehl

– 200 g Maisstärke

– 1 Prise Salz

– Eiswasser

KNUSPRIGES THAI-SCHWEIN

– 250 g Schweinehackfleisch

– 2 junge Knoblauchzehen

– 20 g Ingwer, geschält

– ½ TL grünes Thai-Currypulver

– etwas frisch gepressten Zitronensaft

– 1 Prise Pfeffer

– 15 ml Sojasauce mit gebr. Lauchöl

– etwas Sonnenblumenöl

– 1 Prise Salz

– 5 g Sesamsamen

– 15 g ungesalzene Erdnusskerne

– etwas Koriandergrün

– 5 g geröstetes Sesamöl

MISO-MAYO

– 2 Eigelb

– 20 g helle Misopaste

– 10 ml Sojasauce mit gebr. Lauchöl

– reichlich Sonnenblumenöl

– etwas frisch gepressten Limettensaft

WEITERE ZUTATEN

– 1 unbehandelte Limette

– 1 Prise milder geschroteter Peperoncino-Chili ohne Saat

– etwas Koriandergrün

AUBERGINEN-TEMPURA

Die Auberginen schälen. Zuerst in dicke Scheiben und anschließend in längliche Balken schneiden. Die Auberginen mit Salz bestreuen und rundherum mit etwas Sojasauce bepinseln. Dann mit frisch geriebener Zitronenschale bestreuen und 3–4 Minuten ziehen lassen. Die Auberginenstücke in den eiskalten Tempurateig legen und gut vermengen, dann in reichlich heißem Pflanzenöl (170 °C) etwa 15 Minuten schwimmend und knusprig ausbacken. Die Auberginenstücke öfters durchrühren, damit sie nicht aneinanderkleben. Die knusprigen Auberginen herausschöpfen und auf einem Küchentuch abtropfen lassen. Zum Schluss mit etwas frisch gepresstem Zitronensaft beträufeln.

TEMPURATEIG

Das Weizenmehl und die Maisstärke im Verhältnis 1 : 1 in einer großen Schüssel vermischen und leicht salzen. Dann nach und nach Eiswasser zugeben und alles zu einem glatten, flüssigen Teig verrühren. Unbedingt eiskaltes Wasser zugeben, so bindet der Teig besser. Die Auberginen bekommen so eine krosse Kruste und saugen nicht so viel Öl auf.

KNUSPRIGES THAI-SCHWEIN

Das Schweinehackfleisch in eine Schüssel füllen. Den Knoblauch schälen, fein hacken und zugeben. Das Hackfleisch mit frisch geriebenem Ingwer, Curry-Gewürzmischung, frisch gepresstem Zitronensaft, Pfeffer und Sojasauce würzen. Dann etwas Sonnenblumenöl zugeben und alles gut vermengen. Etwas Sonnenblumenöl in einer Pfanne stark erhitzen. Den Fleischteig mit den Händen grob zerpflücken und in die Pfanne geben. Dann leicht mit Salz bestreuen und sehr scharf anbraten, das Hackfleisch dabei nicht durchrühren. Sobald das Hackfleisch auf der Unterseite dunkelbraun gebraten ist, die Pfanne gut durchschwenken und kurz weiterbraten. Dann mit Sojasauce ablöschen. Die Sesamsamen und die gehackte Erdnusskerne zugeben. Das Koriandergrün hacken und zugeben. Etwas frisch gepressten Zitronensaft darüberträufeln und gut durchschwenken. Zum Schluss nochmals mit Curry-Gewürzmischung, Salz und etwas geröstetem Sesamöl abschmecken.

MISO-MAYO

Die Eigelbe, die Misopaste (fermentierte Sojabohnenpaste) und etwas Sojasauce in einen hohen Mixbecher geben und mit dem Stabmixer kurz anmixen. Dann während des Mixens das Sonnenblumenöl nach und nach in einem dünnen Strahl einlaufen lassen. Den Stabmixer dabei langsam von unten nach oben bewegen und weitermixen, bis eine cremige Emulsion entstanden ist. Mit Limettensaft abschmecken. Aus einer Lage Backpapier eine kleine Spritztüte formen oder die Miso-Mayo in eine kleine flexible Spritzflasche füllen.

Anrichten

Das sehr heiße Aligot mittig auf tiefe Teller geben. Die knusprigen Röstkartoffeln mit Speck darauf verteilen und servieren. Dazu passt ein grüner oder gemischter Salat.

ZWEIERLEI VON DER
Kartoffel

ALIGOT

– 250 g festkochende Kartoffeln
– Salz
– 150 g Comté-Käse oder nicht zu harter Bergkäse
– 100 g Mozzarella in Lake
– 50 g Butter
– etwas frisch geriebene Muskatnuss
– 40 g flüssige Sahne

RÖSTKARTOFFELN MIT SPECK

– 2 große festkochende Kartoffeln
– 10 g Olivenöl
– Salz
– 80 g fetter Speck vom Mangalitza-Schwein
– 1 junge weiße Zwiebel
– 40 g Butterschmalz
– etwas frische Blattpetersilie
– 1 Prise Pfeffer

ALIGOT

Die Kartoffeln in Salzwasser gar kochen. Währenddessen die Kartoffeln für die Zubereitung der Röstkartoffeln (siehe Teilrezept) vorbereiten. Den Comté-Käse mit einer Rohkostreibe grob raspeln. Den Mozzarella würfeln und die Mozzarella-Lake beiseitestellen. Die garen Kartoffeln abgießen, kurz ausdampfen lassen und samt der Schale durch eine Kartoffelpresse drücken, zwischendurch immer wieder die Schale aus der Kartoffelpresse entfernen. Die heißen durchgepressten Kartoffeln zurück in den Topf geben. Den geraspelten Comté, die Mozzarellawürfel, die Butter, etwas frisch geriebene Muskatnuss und etwas Mozzarella-Lake zugeben. Alles mit einem Gummispatel kräftig verrühren und bei mittlerer Hitze langsam erhitzen. Dabei immer wieder kräftig durchrühren und nach und nach etwas flüssige Sahne und etwas Mozzarella-Lake zugeben. Das Aligot unter Rühren in etwa 10 Minuten sehr heiß erhitzen, bis der Käse Fäden zieht und das Kartoffel-Käse-Püree gebunden vom Gummispatel fällt.

RÖSTKARTOFFELN MIT SPECK

Die Kartoffeln schälen und würfeln. Das Olivenöl in einer Pfanne erhitzen und darin die rohen Kartoffelwürfel mit etwas Salz etwa 10 Minuten goldbraun anrösten. Den Speck würfeln. Die Zwiebel putzen und fein würfeln. Beides mit etwas Butterschmalz zugeben und weitere 5 Minuten anrösten, bis die Kartoffeln gar sind. Die Petersilie fein hacken, zugeben und 1–2 Minuten mitbraten. Die knusprigen Röstkartoffeln mit Pfeffer würzen und je nach Geschmack mit Salz abschmecken.

KÜRBISNOCKEN
auf Paprika-Bett

KÜRBIS VORBEREITEN

– 1,2–1,4 kg orangefarbener Kürbis, z. B. Muskatkürbis

KÜRBIS-NOCKEN

– 300 g gepresstes Kürbisfleisch (siehe Teilrezept »Kürbis vorbereiten«)
– 50 g frisch geriebener Parmesan
– 50 g glattes, helles Weizenmehl
– 2 Eigelb
– etwas frisch geriebene Muskatnuss
– 10 g Ingwer, geschält
– 1 unbehandelte Limette
– 1 TL Currypulver
– 1 Prise Pfeffer
– 1 Prise Salz

GERÖSTETE PAPRIKA

– 6 gelbe Spitzpaprika
– 1 Prise Salz
– 1 Prise Piment d'Espelette
– ½ TL geschrotete Knoblauchflakes
– 1 Prise Pfeffer
– 10 g Olivenöl

SPECKFOND

– 60 g Südtiroler Speck
– 200 ml Kürbiswasser (siehe Teilrezept »Kürbis vorbereiten«)
– etwas Kürbiskernöl
– 10 ml Weißweinessig
– 30 g Butter

SALBEI-NUSSBUTTER

– 60 g Butter
– etwas Salbei

WEITERE ZUTATEN

– reichlich Parmesan am Stück

KÜRBIS VORBEREITEN

Am Vortag den Kürbis entkernen, schälen und in grobe Stücke schneiden. Das Kürbisfleisch in Alufolie wickeln und im auf 180 °C (Ober-/Unterhitze) vorgeheizten Backofen circa 1–1,25 Stunden weich garen. Ein Sieb auf eine Schüssel setzen und mit einem Küchentuch auskleiden. Die sehr weichen Kürbisstücke in das Küchentuch füllen. Die Ränder nach oben hin einschlagen und darauf einen Teller mit Gewichten oder eine kleine mit Wasser befüllte Schüssel stellen. Das Kürbisfleisch über Nacht beschweren und gut abtropfen lassen. Das abtropfende Kürbiswasser auffangen.

KÜRBIS-NOCKEN

Für den Kürbisteig das gepresste Kürbisfleisch, den Parmesan, das Weizenmehl und die Eigelbe in eine Schüssel geben. Etwas Muskatnuss, etwas frisch geriebenen Ingwer und Limettenabrieb zugeben. Die Mischung mit Currypulver, Pfeffer und Salz würzen. Alles zusammen mit den Händen zu einem gebundenen Teig verarbeiten. Aus der Masse mit nassen Händen je ½ EL abnehmen und zu Nocken drehen. Reichlich Salzwasser zum Kochen bringen, die Kürbisnocken zugeben und bei siedendem Wasser circa 10 Minuten gar ziehen lassen. Danach die Kürbisnocken mit einer Schöpfkelle herausnehmen und anrichten.

GERÖSTETE PAPRIKA

Die Spitzpaprika auf ein Blech legen und im vorgeheizten Backofen bei 200 °C (Oberhitze) circa 30 Minuten rösten, bis sich die Paprikahaut dunkel färbt und an einigen Stellen beinahe verbrennt. Das Blech herausnehmen und die heißen Paprikaschoten kurz mit einem feuchten Tuch abdecken. Solange sie noch heiß sind, die Haut abziehen, die Stielansätze und Kerne entfernen. Die Paprikafilets in breite Streifen schneiden und mit Salz, Piment d'Espelette, geschroteten Knoblauchflakes und Pfeffer würzen. Etwas Olivenöl darüberträufeln und alles behutsam und locker vermengen.

SPECKFOND

Den Speck fein würfeln und in einer Pfanne auslassen. Dann mit dem Kürbiswasser ablöschen und 2–3 Minuten köcheln lassen. Den Speckfond mit Kürbiskernöl und Weißweinessig abschmecken und zum Schluss mit etwas Butter binden.

SALBEI-NUSSBUTTER

Die Butter in einem Topf aufschäumen und bei milder Hitze leicht bräunen. Die Salbeiblätter zugeben, die Hitze reduzieren und ziehen lassen. Kurz vor dem Anrichten nochmals erhitzen.

Anrichten

Die gerösteten Paprikafilets auf Tellern anrichten.
Die garen Kürbisnocken auf das Paprika-Bett setzen
und mit dem Speckfond übergießen. Dann reichlich
Parmesan darüberreiben. Zum Schluss mit heißer
Salbei-Nussbutter beträufeln.

Anrichten

Den Ofen-Spitzkohl auf einer Servierplatte
anrichten. Das Schweinerücken-Apfel-
Mandel-Gröstl über dem Spitzkohl verteilen.
Zum Schluss die Gin-Kümmel-Mayo schlan-
genlinienförmig darüberspritzen.

OFEN-SPITZKOHL
mit Gin-Kümmel-Mayo

OFEN-SPITZKOHL

– 1 Spitzkohl

SCHWEINERÜCKEN-APFEL-MANDEL-GRÖSTL

– 10 g Maiskeimöl
– 200 g Schweinehackfleisch, am besten vom Schweinerücken
– etwas Salz
– 1 rote Zwiebel
– 2 süß-säuerlicher Äpfel
– 20 g Mandelkerne
– 1 TL geschrotete Knoblauchflakes
– 25 ml japanische Sojasauce
– 5 g frische Blattpetersilie
– 30 g Butter
– 1 Zitrone
– 1 Prise Pfeffer

GIN-KÜMMEL-MAYO

– 2 Eigelb
– 2 Wacholderbeeren
– ½ TL Kümmelsamen
– 10 g Olivenöl
– etwas Apfelessig
– 10 ml Gin
– 1 TL feiner Dijonsenf
– etwas Salz
– 1 Prise Pfeffer
– reichlich Traubenkernöl

OFEN-SPITZKOHL

Den Spitzkohl auf ein Blech legen und im vorgeheizten Backofen bei 180 °C (Ober-/Unterhitze) etwa 3,5 Stunden backen. Die äußeren Kohlblätter werden braun und trocken und der Spitzkohl gart so im eigenen Saft. Vor dem Anrichten den Spitzkohl aus dem Backofen nehmen, den Strunk abschneiden und die äußeren Blätter entfernen. Den geschmorten Ofen-Spitzkohl längs halbieren und in große Stücke schneiden.

SCHWEINERÜCKEN-APFEL-MANDEL-GRÖSTL

Das Maiskeimöl in einer Pfanne erhitzen. Das Schweinehackfleisch zugeben, salzen und scharf anbraten. Die Zwiebel schälen, in feine Würfel schneiden und zugeben. Die Äpfel samt der Schale in kleine Würfel schneiden und zugeben. Die Mandelkerne hacken und mit den Knoblauchflakes ebenfalls zugeben. Ab und zu umrühren und alles etwa 10 Minuten anbraten, bis Röststoffe entstehen. Dann mit etwas Sojasauce ablöschen, die Butter zugeben und weiterbraten. Die Blattpetersilie fein hacken und unterrühren. Das Gröstl mit frisch gepresstem Zitronensaft, Salz und Pfeffer sehr würzig abschmecken.

GIN-KÜMMEL-MAYO

Das Eigelb in einen hohen Mixbecher geben. Die Wacholderbeeren und die Kümmelsamen auf einem Brett mit etwas Olivenöl vermischen und fein hacken – das Olivenöl verbindet die Gewürze und sie lassen sich besser hacken. Diese Mischung zum Eigelb geben. Etwas Apfelessig, Gin, Senf, Salz und Pfeffer zugeben. Alles zusammen mit dem Stabmixer kurz mixen. Während des Mixens das Traubenkernöl nach und nach in einem dünnen Strahl einlaufen lassen. Den Stabmixer dabei langsam von unten nach oben bewegen und weitermixen, bis eine cremige Emulsion entstanden ist. Aus einer Lage Backpapier eine kleine Spritztüte formen oder die Creme in einen kleinen Gefrierbeutel füllen und eine kleine Ecke als Öffnung abschneiden. Kurz vor dem Anrichten die Gin-Kümmel-Mayo einfüllen.

MEDITERRANER KOHLRABI
mit Tomate

MEDITERRANER KOHL-RABI-TOMATEN-EINTOPF

- 200 g gemischte frische junge Zwiebeln (Frühlingszwiebeln, junge Tropea-Zwiebeln, frische weiße Zwiebeln)
- etwas Olivenöl
- 2 kleine Kohlrabi, ersatzweise Fenchel oder Staudensellerie
- 50 g Kirsch- oder Strauchtomaten
- 20 g Butter
- 1 Prise Salz
- 1 Prise Pfeffer
- 2 g geschrotete Knoblauchflakes
- ½ TL mediterrane Gewürzmischung
- 200 ml Gemüsebrühe
- 10 g frische Blattpetersilie
- 1 unbehandelte Zitrone
- 1 TL Kapern aus dem Glas

RUCOLAÖL

- 1 Bund Rucola
- 1 Prise Salz
- 1 Prise geschrotete Knoblauchflakes
- reichlich Olivenöl

WALNUSS-PINIENKERN-CROÛTONS

- 200 g Walnussbrot, ersatzweise anderes Brot nach Belieben
- 30 g Butter
- 30 g Olivenöl
- 1 TL Pinienkerne
- 1 Prise geschrotete Knoblauchflakes
- 1 Prise Piment d'Espelette
- reichlich Parmesan am Stück

WEITERE ZUTATEN

- 1 Burrata, ersatzweise Büffelmozzarella
- etwas grobes Meersalz

MEDITERRANER KOHLRABI-TOMATEN-EINTOPF

Die Zwiebeln putzen, je nach Größe längs halbieren und in Streifen schneiden. Etwas Olivenöl in einem Topf erhitzen und die Zwiebeln darin einige Minuten farblos anschwitzen. Währenddessen den Kohlrabi schälen, in etwa 1–2 Zentimeter große Würfel schneiden und zugeben. Die Kirschtomaten halbieren, die Strauchtomaten würfeln und zugeben. Etwas Butter hinzufügen und das Ragout mit Salz, Pfeffer, Knoblauchflakes und reichlich mediterraner Gewürzmischung würzen. Dann mit Gemüsebrühe aufgießen und köcheln lassen, bis der Kohlrabi bissfest gegart ist. Den Eintopf immer wieder kosten und je nach Geschmack abschmecken. Die Blattpetersilie fein hacken und unterrühren. Zum Schluss nochmals mit Salz abschmecken und mit fein geriebener Zitronenschale sowie fein gehackten Kapern verfeinern.

RUCOLAÖL

Den Rucola waschen, gut trocken schleudern und klein schneiden. Anschließend in einen Mixer füllen. Etwas Salz und einige Knoblauchflakes zugeben. Dann reichlich Olivenöl zugießen und alles sehr fein mixen. Das Rucolaöl am besten in ein Glas füllen, mit Alufolie ummanteln und in den Kühlschrank stellen.

Tipp: Durch die Alufolie bleibt das Öl lichtgeschützt und behält so die grüne Farbe. Das Rucolaöl hält sich ohne Weiteres mehrere Tage im Kühlschrank und kann zum Verfeinern von Risotto oder Gemüsegerichten verwendet werden.

WALNUSS-PINIENKERN-CROÛTONS

Das Walnussbrot in Würfel schneiden. Reichlich Butter und etwas Olivenöl in einer Pfanne erhitzen und die Brotwürfel darin anrösten. Die Pinienkerne zugeben und alles mit Knoblauchflakes und Piment d'Espelette würzen. Alles zusammen 5–6 Minuten rösten, dann reichlich Parmesan darüberreiben und verrühren. Alles zusammen weitere 1–2 Minuten rösten, je nach Bedarf noch etwas Olivenöl zugeben. Die knusprigen Walnuss-Pinienkern-Croûtons aus der Pfanne nehmen und abkühlen lassen.

Anrichten

Den Kohlrabi-Tomaten-Eintopf auf tiefe Teller
oder Schalen verteilen. Die Burrata in grobe Stücke
zerteilen und darauflegen. Dann etwas grobes
Meersalz auf die Burrata streuen. Etwas Rucolaöl
darüberträufeln und mit einigen Walnuss-Pinienkern-Croûtons garnieren. Die restlichen Croûtons
separat dazu reichen.

Anrichten

Den Bolani noch heiß mit einem Sägemesser in Tortenstücke schneiden und dazu die Bratkartoffeln mit Pilzen reichen.

BOLANI MIT PILZEN
und Bratkartoffeln

HEFETEIG FÜR BOLANI

– 250 g helles glattes Weizenmehl

– 5 g Salz

– 3 g frische Backhefe

– 125 ml Wasser, Raumtemperatur

KARTOFFEL-PILZ-FÜLLUNG FÜR BOLANI

– 1 süße oder milde weiße Zwiebel

– 1 Knoblauchzehe

– 10 g Olivenöl

– 20 g Butter

– 80 g luftgetrockneter und leicht
   geräucherter Rinderschinken

– 200 g frische Steinpilze, ersatzweise
   andere aromatische Speisepilze

– 1 Prise Salz

– 1 Prise Pfeffer

– 1 Prise Umami-Gewürzmischung

– 8 Korianderkörner

– etwas frische Blattpetersilie

– 5 g Pinienkerne

– 150 g vorgegarte festkochende
   Kartoffeln, abgekühlt und durch die
   Presse gedrückt

– 1 Ei

– 1 unbehandelte Zitrone

HEFETEIG FÜR BOLANI

Das Weizenmehl und das Salz in die Rührschüssel der Küchenmaschine geben. Die Backhefe im Wasser auflösen und zugeben. Alles zusammen mit dem Knethaken etwa 1 Minute zu einem geschmeidigen, glatten Teig kneten. Diesen leicht bemehlen, in Frischhaltefolie wickeln und 1 Stunde bei Raumtemperatur ruhen lassen.

KARTOFFEL-PILZ-FÜLLUNG FÜR BOLANI

Die Zwiebeln und den Knoblauch schälen, beides würfeln und in Olivenöl und Butter farblos anschwitzen. Den Rinderschinken in Scheiben schneiden, würfeln und zugeben. Die Steinpilze putzen, klein schneiden und zugeben. Dann Salzen und mit Pfeffer und Umami-Gewürzmischung würzen. Die Korianderkörner mit etwas Olivenöl beträufeln, fein hacken und zugeben. Die Blattpetersilie hacken und mit den Pinienkernen zugeben. Alles immer wieder gut durchschwenken und anbraten. Die Pilz-Zwiebel-Mischung zu den durchgepressten Kartoffeln geben. Das Ei zugeben und alles gut vermengen. Die Kartoffel-Pilz-Füllung mit frisch geriebener Zitronenschale, frisch gepresstem Zitronensaft und Salz abschmecken und abkühlen lassen.

Auf der nächsten Seite geht es weiter …

BOLANI (SPEZIALITÄT AUS AFGHANISTAN)

- geruhter Hefeteig (siehe Teilrezept)
- etwas helles Weizenmehl
  zum Arbeiten
- Kartoffel-Pilz-Füllung
  (siehe Teilrezept)
- reichlich Butterschmalz zum
  Ausbacken

BRATKARTOFFELN MIT PILZEN

- 150 g vorgegarte festkochende
  Kartoffeln, abgekühlt
- 100 g frische Kaiserlinge, ersatzweise
  andere aromatische Speisepilze
- 20 g Olivenöl
- 1 Prise Salz
- 1 Prise Pfeffer
- 1 süße Zwiebel oder milde
  weiße Zwiebel
- 1 Frühlingszwiebel
- etwas Butter
- 5 g Bruschetta-Gewürzmischung
  oder Pizzagewürz
- etwas frische Blattpetersilie

BOLANI (SPEZIALITÄT AUS AFGHANISTAN)

Den Hefeteig halbieren und mit etwas Weizenmehl zu 2 runden, dünnen Fladen ausrollen. Die beiden Fladen in Größe der verwendeten Pfanne rund ausstechen, das geht am besten mit dem dazugehörigen Pfannendeckel. Die Kartoffel-Pilz-Füllung auf 1 runden Teigfladen geben und glatt verstreichen, dabei etwa einen 2–3 Zentimeter breiten Rand frei lassen. Dann den zweiten Teigfladen über die Füllung legen, die Teigränder festdrücken und anschließend den Teigrand etwa 1 Zentimeter nach oben umklappen und nochmals fixieren. Etwas Butterschmalz in der Pfanne erhitzen und den gefüllten Teigfladen am besten mit einem Pizzaschieber oder einem dünnen Blech in die Pfanne gleiten lassen. Den Bolani bei mittlerer Hitze und ohne Deckel in etwa 15 Minuten beidseitig goldbraun ausbacken, dabei immer wieder die Hitze kontrollieren und je nach Bedarf etwas Butterschmalz zugeben.

BRATKARTOFFELN MIT PILZEN

Die Kartoffeln pellen und in grobe Würfel schneiden. Die Kaiserlinge putzen und in grobe Stücke schneiden. Das Olivenöl in einer Pfanne erhitzen und darin die Kartoffeln einige Minuten anbraten. Die Kartoffeln mit Salz und Pfeffer würzen. Dann die Kaiserlinge zugeben und mitbraten. Die Zwiebel schälen und die Frühlingszwiebel putzen, beides fein schneiden. Die Kartoffel-Pilz-Mischung in der Pfanne etwas zur Seite schieben und dann die Butter aufschäumen lassen. Die Zwiebelmischung darin farblos anbraten. Alles gut durchschwenken und mit der Bruschetta-Gewürzmischung würzen. Die Blattpetersilie hacken und zugeben. Die Bratkartoffeln nochmals mit Salz abschmecken.

Anrichten

Die Spargelstangen auf einer großen Servierplatte oder auf Tellern anrichten und mit der Tomaten-Nussbutter-Vinaigrette bedecken. Die Burrata in grobe Stücke zerpflücken und über den Spargelstangen verteilen. Etwas Piment d'Espelette und Salzflocken auf die Burrata streuen. Zum Schluss die Piment-d'Espelette-Croûtons darüber verteilen.

GEBRATENER SPARGEL MIT BURRATA
und Tomaten-Nussbutter-Vinaigrette

GEBRATENER SPARGEL

- 10 Stangen frischer weißer Spargel
- 10 g Olivenöl
- 20 g Parmesan am Stück
- 25 g Butter
- 2 g Salzflocken

PIMENT-D'ESPELETTE-CROÛTONS

- 75 g Toastbrot in Scheiben
- 100 g Butter
- 1 Messerspitze Piment d'Espelette
- 1 g Salz

TOMATEN-NUSSBUTTER-VINAIGRETTE

- 1 kleine Ochsenherztomate
- 10 g junge Tropea-Zwiebeln, ersatzweise Frühlingszwiebeln oder
  Schnittlauch
- 75 g frischer Spargelsaft (siehe
  Teilrezept »Gebratener Spargel«)
- 15 g Burrata-Einlegelake
- Bruschetta-Gewürzmischung
- 2 g Salzflocken
- 20 g Butter
- frisches Basilikum nach Belieben

WEITERE ZUTATEN

- Burrata, ersatzweise Büffelmozzarella
- Piment d'Espelette
- Salzflocken

GEBRATENER SPARGEL

Den weißen Spargel äußerst sorgfältig mit einem Spargelschäler schälen, dazu die Spargelstange immer leicht drehen, sodass die Spargelstange gleichmäßig und rund abgeschält wird. Die unteren holzigen Enden abschneiden. Die Spargelschalen entsaften und den Spargelsaft beiseitestellen.

Etwas Olivenöl in einer Pfanne erhitzen und die Spargelstangen darin von allen Seiten scharf anbraten. Sobald der Spargel gute Röststoffe aufweist, etwas Parmesan darüberreiben und etwas Butter zugeben. Alles zusammen glacieren und je nach Geschmack mit Salzflocken würzen.

PIMENT-D'ESPELETTE-CROÛTONS

Das Toastbrot entrinden und in grobe Würfel schneiden. In einer separaten Pfanne reichlich Butter aufschäumen. Die Toastbrotwürfel zugeben, mit etwas Piment d'Espelette und Salz würzen und zu knusprigen Croûtons ausbacken.

TOMATEN-NUSSBUTTER-VINAIGRETTE

Die Tomate in Würfel schneiden. Die Tropea-Zwiebeln putzen und in sehr feine Scheiben schneiden. Beides in einer Schüssel vermengen. Etwas frischen Spargelsaft, ein wenig Burrata-Einlegelake und reichlich Bruschetta-Gewürzmischung sowie die Salzflocken zugeben und vermengen. Alles etwas ziehen lassen. Für die Nussbutter in einer Pfanne Butter aufschäumen und bei milder Hitze bräunen. Diese Nussbutter zu den Tomaten geben. Den Nussbutter-Bratenansatz in der Pfanne mit ein wenig Spargelsaft ablöschen, aufkochen und ebenfalls zugeben. Die Tomaten-Nussbutter-Vinaigrette salzen und nochmals mit Bruschetta-Gewürzmischung abschmecken. Nach Belieben mit fein geschnittenem Basilikum verfeinern.

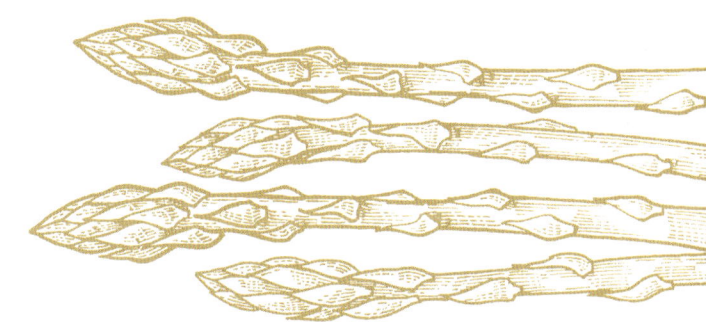

Eat Pray Love

Dani: Mein erstes Essen mit Roland war schon ein Erlebnis. Ich habe nicht geglaubt, dass er kochen kann, er hat nicht geglaubt, dass ich Yogalehrerin bin. Also haben wir erst zusammen Yoga gemacht (er hat sich redlich bemüht) und dann hat er mir etwas gekocht. Das war ein halbrohes Rindersteak. Ich habe bei rohem Fleisch keine Berührungsängste, aber ich merkte die ganze Zeit seinen prüfenden Blick. Das war sein Test. Wir beide haben unsere Tests bestanden. Das gilt nicht nur für uns – Essen verrät immer viel über Menschen. Wenn wir mit anderen Menschen essen gehen, sehe ich sofort, wie die drauf sind, ob sie Genießer sind, ob die nur so rumeiern und die Erbsen nur von links nach rechts schieben. Ich finde das immer sehr aufschlussreich, wie sie den Kellner behandeln, wie sie miteinander umgehen, ob sie gegenseitig vom Teller des anderen essen.

Roland: Ich finde es sensationell, wenn die Leute Essen und Ernährung manchmal fast wie eine Religion verstehen. Ich mache das ja nicht anders. Die Nahrung, die ich esse, verdient Respekt. Für mich ist Essen Religion. Für mich ist Essen das, was das Leben lebenswert macht. Und jeder wählt da seinen eigenen Weg. Solange jeder glücklich ist mit dem Weg, den er geht (und mich dabei nicht nervt), ist alles gut.

Essen ist Treibstoff! Der kann einem gar nicht genug wert sein. Die Gurke würdest du nicht wegschmeißen, wenn sie schon ein bisschen schlapp ist, wenn sie dreimal so viel gekostet hätte. Ein Huhn darf nicht mehr sterben unter 20 Euro. Dann genießt man das Huhn auch ganz anders. Wenn's ums Autowaschen geht, dann nimmt man oft die teuerste Wäsche, weil es ja ordentlich glänzen muss. Wer

nimmt da schon die billigste? Und dann fangen wir bei Lebensmitteln das Knausern an? Wir müssen nur mal schauen, welchen Stellenwert das Essen in anderen Ländern hat, zum Beispiel in Italien. Lebensmittel sind den Italienern heilig und daher liebt ja auch jeder die italienische Küche.

Ich bin keiner, der nur im Feinkostladen einkauft, der sich nur den Kaviar und den Steinbutt aus dem Atlantik reinzieht. Wenn ich aber die Wahl im Supermarkt habe zwischen Fenchel und Bio-Fenchel, nehme ich den Bio-Fenchel. Der kostet dann eben ein bisschen mehr. Na und? Ganz ehrlich, Nahrungsmittel sind viel zu billig. Man redet immer nur über Geld. Das macht keinen Sinn, solange so viel Essen weggeschmissen wird. Solange das so ist, ist und bleibt Essen zu billig.

Dani: Beim Einkaufen kann man nicht pauschal sagen, dass wir alle prinzipiell mehr Geld für Lebensmittel investieren sollten, weil es ja ganz unterschiedliche Gehaltsniveaus gibt. Wer wenig Geld hat, geht natürlich zum Discounter. Und kauft da auch mal Billigfleisch. Die Frage ist vor allem aber – in welchen Mengen? Und muss ich wirklich jeden Tag ein Kilo Fleisch haben? Wenn ich genau weiß, dass das aus schrecklicher Haltung kommt und nicht gut verarbeitet wurde. Auch wenn man nicht so viel Geld zur Verfügung hat, sollte man sich überlegen: Was kaufe

ich, wie viel brauche ich wirklich? Oder kaufe ich Fleisch lieber nur einmal in der Woche und dafür in besserer Qualität und auch weniger?

Ich finde es super, wenn die Leute sich intensiv mit Ernährung auseinandersetzen (man muss ja damit nicht die halbe Welt verrückt machen) und sich auch die Zeit nehmen, frisch zu kochen, und nicht einfach die Tiefkühlpizza in den Ofen schieben. Essen und Kochen sollten einen hohen Stellenwert haben. Es geht ja nicht nur ums Sattwerden, sondern auch um den Spaß am Genießen.

Roland: Zeit ist immer eine gute beziehungsweise eine schlechte Ausrede. Für alles. Die einen schaffen es nicht ins Fitnessstudio, weil sie keine Zeit haben, die anderen haben keine Beziehung, weil sie keine Zeit haben. Ich denke immer: Der Tag hat 24 Stunden, wie viele Stunden schläfst du? Wie viele Stunden arbeitest du? In der Regel jeweils acht Stunden. Dann ist ja noch ein bisschen Zeit übrig. Da wird doch eine halbe Stunde bleiben, um etwas zu kochen! Wenn du die Zeit nicht mehr hast, dann läuft etwas verkehrt in deinem Leben. Eine halbe Stunde reicht für ein paar Nudeln mit einer Soße aus frischen Tomaten. Was ist das für ein Zeitaufwand? Oder wenn du ein Risotto kochst. In 30 Minuten kriegst du ein perfektes Risotto hin. Und einen Salat noch dazu!

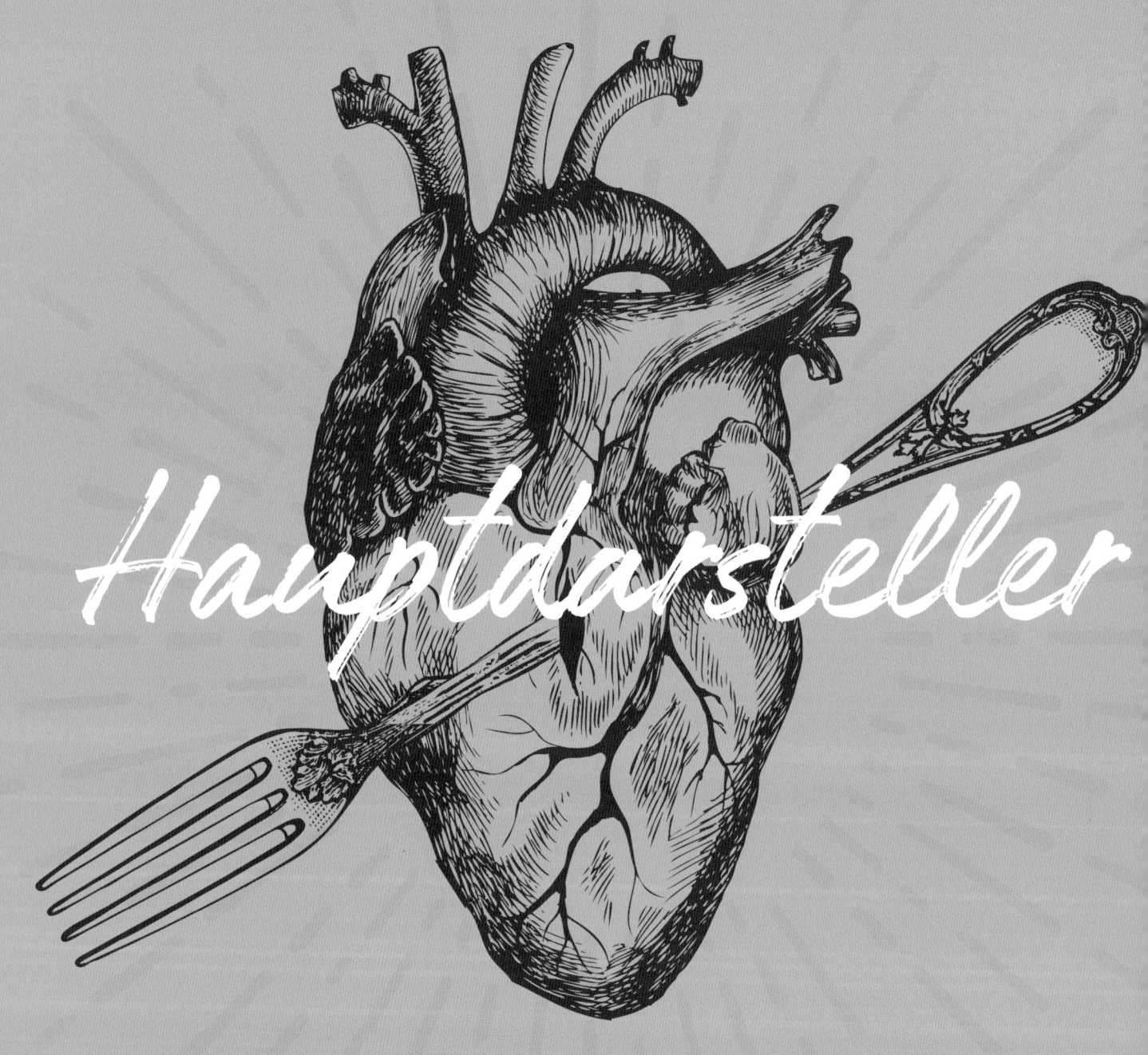

Hauptdarsteller

Geflügel, Fleisch, Fisch

Anrichten

Das Backhendl auf Teller platzieren und dazu die Preiselbeer-Mayo reichen.

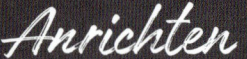

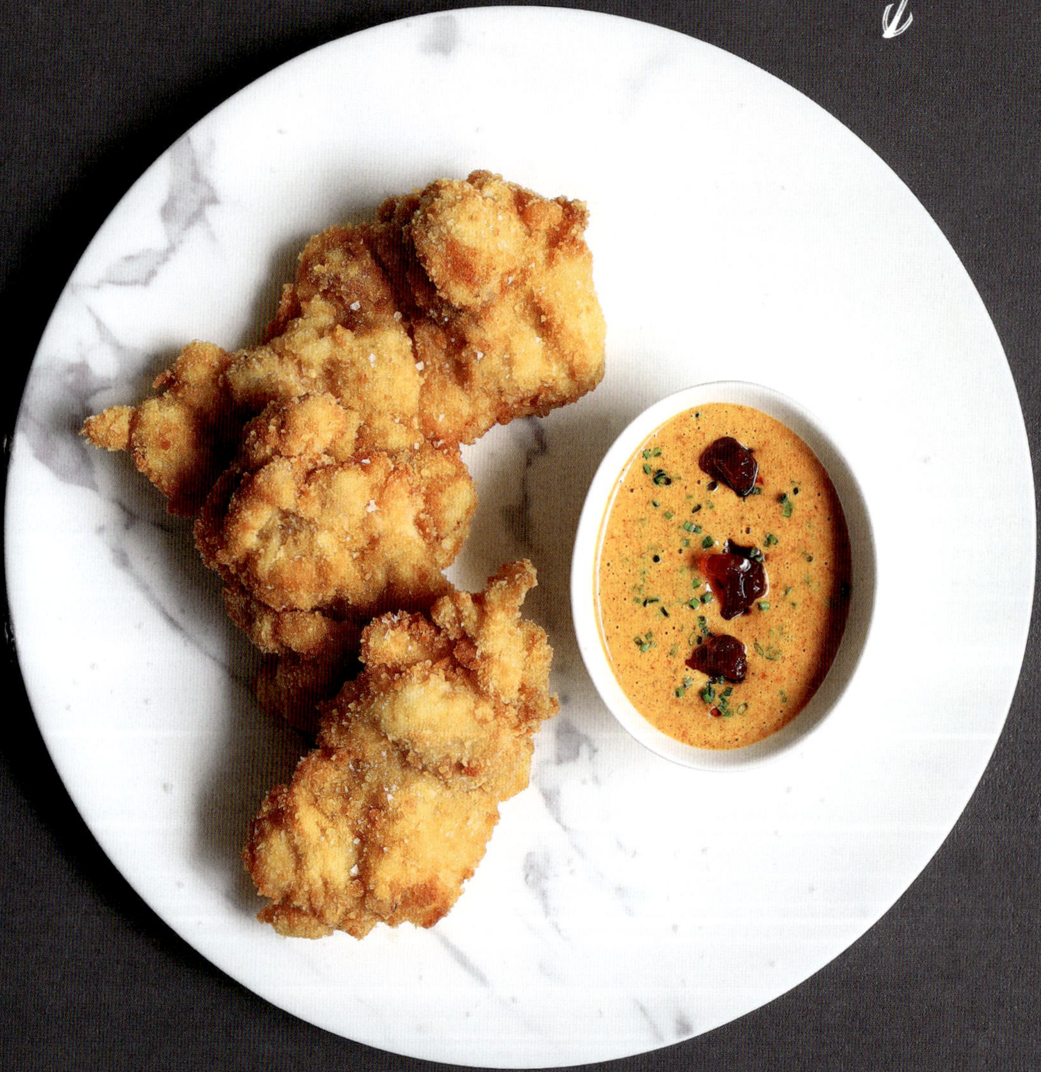

BACKHENDL

BACKHENDL

– 6 Hühnerkeulen, z. B.
 Maishähnchenkeulen
– 1 Knoblauchzehe
– 100 g Naturjoghurt
– 1 Prise Piment d'Espelette
– 1 Prise mildes Curry
– 1 Prise Salz
– 2 Eier
– 100 g Weizenmehl
– 150 g Semmelbrösel
– reichlich Butterschmalz

PREISELBEER-MAYO

– 2 Eigelb
– ½ TL feiner Senf
– 1 Prise Salz
– reichlich Maiskeimöl
– 30 g Preiselbeeren aus dem Glas
– 5 g Meerrettich aus dem Glas
– 1 Prise Pfeffer
– 1 Limette

BACKHENDL

Die Hühnerkeulen auf die Hautseite legen und mit einem spitzen Messer beginnend vom Oberschenkel entlang der Knochen aufschneiden. Dann nach und nach das Fleisch vorsichtig vom Knochen lösen. Das ausgelöste Fleisch samt der Haut in große Stücke schneiden.

Den Knoblauch schälen, fein reiben und mit dem Naturjoghurt verrühren. Etwas Piment d'Espelette und milde Curry-Gewürzmischung unterrühren. Das Hähnchenfleisch zugeben, gut vermengen und 1,5 Stunden im Kühlschrank marinieren lassen.

Anschließend das Hähnchenfleisch aus der Joghurtmarinade nehmen und salzen. Die Eier aufschlagen und gut verquirlen. Das Hähnchenfleisch zuerst in Weizenmehl wenden, dann durch die aufgeschlagenen Eier ziehen und zum Schluss in reichlich Semmelbrösel panieren.

Reichlich Butterschmalz in einer hohen Pfanne erhitzen, das panierte Hähnchenfleisch mit der Hautseite nach unten hineinlegen und beidseitig goldbraun ausbacken, dabei mehrmals wenden. Das Backhendl auf Küchenpapier abtropfen lassen.

PREISELBEER-MAYO

Die Eigelbe und den Senf in einen Schlagkessel geben und mit Salz würzen. Dann mit einem Schneebesen kräftig aufschlagen und nach und nach das Maiskeimöl in einem dünnen Strahl einlaufen lassen. Stetig weiterrühren, bis eine cremige Emulsion entstanden ist. (Ersatzweise die Eigelbe in einen hohen Mixbecher geben und das Maiskeimöl mit dem Stabmixer untermixen.) Die Preiselbeeren und den Meerrettich unterrühren und mit Salz, Pfeffer und frisch gepresstem Limettensaft abschmecken.

CHICKEN WINGS
mit Weißkohl-Ananas-Salat

KNUSPRIGE CHICKEN WINGS

- 800 g Hähnchenflügel
- 20 g flüssiger Honig
- 25 ml Sojasauce mit gebranntem Lauchöl
- etwas frisch gepresster Zitronensaft
- 10 g Olivenöl
- 80 g Maisstärke
- 1 Prise milder geschroteter Peperoncino-Chili ohne Saat
- 1 Prise Pfeffer
- 2 g geräuchertes mildes Paprikapulver
- 1 Prise Piment d'Espelette
- 1 Prise Salz
- 4 g geschrotete Knoblauchflakes

WEISSKOHL-ANANAS-SALAT

- 1 Spitzkohl oder junger Weißkohl
- ½ reife Ananas
- 20 g geröstete ungesalzene Cashewkerne
- 5 g frischer Koriander
- Sauerrahm-Dressing (siehe Teilrezept)
- 1 Prise Salz
- 1 Limette

SAUERRAHM-DRESSING

- 150 g Sauerrahm
- 20 ml Weißweinessig
- etwas frisch gepresster Limettensaft
- 10 g Olivenöl
- 1 Prise Salz
- 10 ml Sojasauce mit gebranntem Lauchöl
- 1 Prise milder geschroteter Peperoncino-Chili ohne Saat
- 1 Prise Umami-Gewürzzubereitung
- 4 g geschrotete Knoblauchflakes

KNUSPRIGE CHICKEN WINGS

Die Hähnchenflügel in eine große Schüssel geben. Für die Marinade den flüssigen Honig, die Sojasauce, den frisch gepressten Zitronensaft und das Olivenöl verrühren und über die Hähnchenflügel gießen. Alles zusammen mit den Händen gut vermengen und die Marinade gut in das Fleisch einmassieren. Die Hähnchenflügel 1 Stunde marinieren lassen. Für die Stärke-Gewürz-Mischung die Maisstärke mit dem Peperoncino-Chili, dem Pfeffer, dem geräucherten milden Paprikapulver, dem Piment d'Espelette und etwas Salz vermischen. Diese Mischung über die marinierten Hähnchenflügel streuen und mit den Händen gut vermengen, sodass das Fleisch gut mit einem Stärkemantel überzogen ist. Die Hähnchenflügel auf den Backofenrost legen und in den vorgeheizten Backofen schieben. Darunter ein Backblech platzieren. Die Hähnchenflügel bei 200 °C (Umluft) etwa 20 Minuten rösten, dann wenden und leicht salzen. Die Hähnchenflügel weitere 10–15 Minuten rösten, dann herausnehmen und mit Knoblauchflakes bestreuen. Den Backofen auf Grillfunktion (200 °C) umstellen und die Hähnchenflügel etwa 4–5 Minuten knusprig grillen.

WEISSKOHL-ANANAS-SALAT

Den Kohl putzen. Die Blätter nach und nach abtrennen und den harten Strunk herausschneiden. Die Blätter in feine Streifen und die Kohlstrünke in sehr feine Streifen schneiden. Die Ananas schälen und in feine Würfel schneiden. Die Cashewkerne mit dem Messerrücken andrücken und grob hacken. Den Koriander fein hacken. Alle Zutaten in eine große Schüssel oder auf ein Blech geben. Dann das Sauerrahm-Dressing darübergießen und alles zusammen mit beiden Händen behutsam und gut durchmengen. Nach 1–2 Minuten mit Salz und frisch gepresstem Limettensaft abschmecken. Den Weißkraut-Ananas-Salat maximal 10 Minuten ziehen lassen.

SAUERRAHM-DRESSING

Den Sauerrahm mit dem Weißweinessig, etwas frisch gepresstem Limettensaft und Olivenöl verrühren. Das Dressing mit Salz, Sojasauce, Peperoncino-Chili, Umami-Gewürzzubereitung und Knoblauchflakes würzen.

Anrichten

Die knusprigen Chicken Wings auf einer Servierplatte anrichten und den Weiß-kohl-Ananas-Salat dazu reichen. Alles à la »Family Style« servieren.

Anrichten

Zuerst etwas Salat auf die gerösteten Toastbrotscheiben verteilen. Großzügig mit Huhn-Zwiebel-Mayo bedecken und darauf je eine geröstete
Toastbrotscheibe legen. Darauf die Avocado verteilen und großzügig mit
Huhn-Zwiebel-Mayo bedecken. Zum Schluss mit krossem Bauchspeck
belegen und mit je 1 gerösteten Toastbrotscheibe abschließen. Das
Club-Sandwich mit den Händen leicht zusammenpressen. Nach Belieben die überstehenden Ränder mit einem scharfen Messer abtrennen
und diagonal in je 2 Dreiecke schneiden. Das Club-Sandwich auf Teller
setzen und servieren.

KROSSE HÜHNERKEULEN UND BAUCHSPECK

- 2 Hühnerkeulen, z. B. Maishähnchen
- etwas Olivenöl
- 1 Prise Salz
- 2 g geschrotete Knoblauchflakes
- 6 Scheiben Bauchspeck

SAFTIGE HÜHNERBRUST

- 2 Hühnerbrüste ohne Haut, z. B. Maishähnchen
- 1 Prise Salz
- 1 Prise Piment d'Espelette
- 1 Prise Pfeffer
- 2 g geschrotete Knoblauchflakes
- etwas Olivenöl

ZWIEBEL-CONFIT

- 2 kleine weiße Zwiebeln
- 20 g Olivenöl
- 10 ml Sojasauce mit gebranntem Lauchöl

HAUSGEMACHTE MAYONNAISE

- 2 Eigelb
- 5 g feiner, glatter Senf
- 5 g abgetropfte Kapern
- 20 g eingelegte Gewürzgurken
- 25 g Gewürzgurken-Einlegesud aus dem Glas
- 15 ml Weißweinessig
- 1 Prise Salz
- 1 Prise Piment d'Espelette
- 1 Prise Pfeffer
- 1 Prise Umami-Gewürzzubereitung
- etwas Olivenöl
- reichlich Traubenkernöl

Auf der nächsten Seite geht es weiter ...

KROSSE HÜHNERKEULEN UND BAUCHSPECK

Die Hühnerkeulen auf die Hautseite legen und mit einem spitzen Messer beginnend vom Oberschenkel entlang der Knochen aufschneiden. Dann nach und nach das Fleisch vorsichtig vom Knochen lösen. Die ausgelösten Knochen am besten für eine Hühnersuppe verwenden. Das Olivenöl in eine Pfanne geben, die ausgelösten Hühnerkeulen mit der Haut nach unten hineinlegen. Die Fleischseite mit etwas Salz und einigen Knoblauchflakes würzen. Dann das Fleisch mit einer Lage Backpapier abdecken und darauf einen mit Wasser gefüllten Topf setzen, um so das Fleisch zu beschweren und gleichmäßig zu braten. Die Hühnerkeulen nur auf der Hautseite bei mittlerer Hitze langsam etwa 30 Minuten kross braten, dabei immer wieder die Hitze kontrollieren und regulieren, damit die Haut nicht verbrennt. Sobald das Fleisch fast durchgegart ist, dieses auf die Fleischseite wenden und noch 1–2 Minuten unbedeckt bei milder Hitze ziehen lassen. Die krossen Hühnerkeulen aus der Pfanne nehmen und abkühlen lassen. Etwas Olivenöl in dieselbe Pfanne mit dem Bratansatz geben und erhitzen. Die Speckscheiben einlegen und beidseitig kross braten. Dann herausnehmen und abtropfen lassen.

SAFTIGE HÜHNERBRUST

Die Hühnerbrust rundherum mit Salz, Piment d'Espelette, Pfeffer und Knoblauchflakes würzen und beidseitig kurz in Olivenöl anbraten. Die Hühnerbrust auf ein Blech legen und im vorgeheizten Backofen bei 90 °C (Ober-/Unterhitze) etwa 35 Minuten fertig garen. Dann aus dem Backofen nehmen und abkühlen lassen.

ZWIEBEL-CONFIT

Die Zwiebeln schälen und in Ringe schneiden. Etwas Olivenöl in einer Pfanne erhitzen und darin die Zwiebeln langsam und bei milder Hitze braten, bis sie weich und karamellisiert sind. Dann mit etwas Sojasauce ablöschen und 2–3 Minuten weiterbraten. Das Zwiebel-Confit aus der Pfanne nehmen und abkühlen lassen.

HAUSGEMACHTE MAYONNAISE

Die Eigelbe, den Senf, die gehackten Kapern, die gehackten Gewürzgurken, etwas Gewürzgurken-Einlegesud und etwas Weißweinessig in einen hohen Mixbecher geben. Salz, Piment d'Espelette, Pfeffer und Umami-Gewürzzubereitung zugeben. Alles zusammen mit dem Stabmixer kurz anmixen. Etwas Olivenöl untermixen. Während des Mixens das Traubenkernöl nach und nach in einem dünnen Strahl einlaufen lassen. Den Stabmixer dabei langsam von unten nach oben bewegen und weitermixen, bis eine cremige Emulsion entstanden ist. Die Mayonnaise nochmals fein-säuerlich und würzig abschmecken.

CLUB-SANDWICH

– 6 Scheiben Sandwich-Toastbrot
– 30 g Butter
– Parmesan am Stück
– 1 Prise Pfeffer
– krosse Hühnerkeulen
 (siehe Teilrezept)
– saftige Hühnerbrust
 (siehe Teilrezept)
– hausgemachte Mayonnaise
 (siehe Teilrezept)
– Zwiebel-Confit (siehe Teilzrezept)
– 10 Basilikumblätter
– 1 Prise Curry
– 1 Prise Piment d'Espelette
– etwas frisch gepresster Limettensaft
– 2 hart gekochte Eier
– 1 reife Avocado
– etwas Salz
– 2 Romanasalatherzen

CLUB-SANDWICH

Die Toastbrotscheiben nur auf einer Seite mit weicher Butter bestreichen und reichlich Parmesan darüberreiben. Dann mit Pfeffer würzen und in einem heißen Kontaktgrill bei milder Hitze goldbraun rösten. (Ersatzweise die Toastbrotscheiben im Backofen bei starker Oberhitze bräunen, herausnehmen und kurz abkühlen lassen. Dann die andere Seite mit etwas Butter bestreichen, mit frisch geriebenem Parmesan und Pfeffer bestreuen und nochmals kurz im Backofen bräunen.)

Die krosse Hühnerkeule sowie die saftige Hühnerbrust in Würfel schneiden und in eine Schüssel füllen. Die hausgemachte Mayonnaise und das abgekühlte Zwiebel-Confit zugeben. Alles zusammen vermengen. Die Basilikumblätter fein hacken und zugeben. Mit etwas Curry-Gewürzmischung, Piment d'Espelette und frisch gepresstem Limettensaft abschmecken. Zum Schluss die klein geschnittenen hart gekochten Eier untermengen.

Die Avocado schälen, das Fruchtfleisch mit einer Gabel zerdrücken und mit etwas Salz würzen. Den Romanasalat in feine Streifen schneiden.

Tipp 1: Dazu passen hausgemachte Pommes frites (siehe Seite 41).

Tipp 2: Übrige Huhn-Zwiebel-Mayo sofort in den Kühlschrank stellen und spätestens am nächsten Tag verbrauchen.

HÜHNER-CURRY

HÜHNER-CURRY

- 4 Hühnerkeulen
- 150 g Hokkaido-Kürbis oder Süßkartoffeln
- 10 g Maiskeimöl
- 1 Prise grüner Thai-Curry
- Salz
- 2 EL Currypaste (siehe Teilrezept)
- 250 g Kokosmilch
- 5 g Palmzucker
- 8 Tropfen Colatura di Alici, italienische Sardellensauce oder gute
  thailändische Fischsauce
- 1 Limette
- 100 g frische Erbsenkerne oder
  Zuckerschoten
- 20 g geröstete ungesalzene
  Erdnusskerne
- 2 Frühlingszwiebeln
- 10 g Koriandergrün oder Thai-Basilikum, ersatzweise Blattpetersilie

CURRYPASTE

- 1 Knoblauchzehe
- 2 junge Tropea-Zwiebeln oder
  Thai-Schalotten
- 40 g Ingwer
- 1 Stängel frisches Zitronengras
- 4 getrocknete Limettenblätter
- 1 Prise geschroteter roter Jalapeño-
  Chili
- etwas geschroteter Peperoncino-
  Chili ohne Saat

WEITERE ZUTATEN

- 200 g Basmatireis

HÜHNER-CURRY

Die Haut der Hühnerkeulen abziehen und beiseitestellen. Die Hühnerkeulen an der Innenseite mit einem spitzen Messer beginnend vom Oberschenkel entlang der Knochen aufschneiden. Dann nach und nach das Fleisch vorsichtig vom Knochen lösen. Das Hühnerfleisch in walnussgroße Stücke schneiden. Die Hühnerhaut in eine Pfanne legen und mit einem Topf beschweren. Etwa 10–15 Minuten langsam kross braten, aus der Pfanne nehmen und vor dem Anrichten hacken. Währenddessen den Kürbis schälen, die Kerne entfernen und würfeln.

Etwas Maiskeimöl in einer Pfanne erhitzen und das Hühnerfleisch darin scharf anbraten. Mit etwas grünem Thai-Curry und Salz würzen. Das angebratene Hühnerfleisch aus der Pfanne nehmen und die Kürbisstücke anbraten.

Die Pfanne mit dem ausgelassenen Hühnerhautfett erhitzen und darin die Currypaste scharf anrösten. Dann mit der Kokosnussmilch ablöschen und aufkochen. Die Sauce mit geriebenem Palmzucker, Fischsauce, frisch gepresstem Limettensaft und Salz abschmecken und köcheln lassen.

Das Hühnerfleisch, den Kürbis, die Erbsenkerne und die Erdnusskerne zur Sauce geben und einige Minuten ziehen lassen. Die Frühlingszwiebeln putzen und die hellen Bestandteile in dünne Ringe schneiden. Den Koriander fein hacken. Beides beiseitestellen.

Da das Hühnercurry nachzieht, dieses immer wieder in mehreren Abschnitten mit frisch gepresstem Limettensaft, Fischsauce, Palmzucker und Salz abschmecken. Zum Schluss die Frühlingszwiebeln und den Koriander unterrühren.

CURRYPASTE

Den Knoblauch und die Tropea-Zwiebel schälen und fein hacken. Den Ingwer schälen und das Zitronengras putzen. Beides fein hacken. Alles zusammen in einen Mörser geben. Die Limettenblätter zerbröseln und zugeben. Den Jalapeño-Chili und den Peperoncino-Chili zugeben und alles zusammen mit einem Stößel etwa 15–20 Minuten zu einer feinen Currypaste zerstoßen und zerreiben.

Anrichten

Das Hühner-Curry in tiefen Tellern anrichten und mit den gehackten Hühner-
hautchips bestreuen. Dazu frisch gegarten
Basmatireis (nach Packungsanweisung
gekocht) servieren.

KROSSE HÜHNERKEULEN
mit Tomaten-Oliven-Salsa und Knoblauchbrot

KROSSE HÜHNERKEULEN

– 4 Hühnerkeulen, z. B. Maishähnchen
– 20 g Olivenöl
– 1 Prise Piment d'Espelette
– 1 Prise Salz
– 1 Prise Pfeffer

TOMATEN-OLIVEN-SALSA

– 150 g aromatische Tomaten
– 15 g Bruschetta-Gewürzmischung Bruschetta grüne Olive oder ein anderes Pizzagewürz
– 20 g Olivenöl
– 20 g ganze Rauchmandeln
– 10 frische Basilikumblätter
– Salz

KNOBLAUCHBROT

– 20 g Butter
– 20 g Olivenöl
– 1 Prise geschrotete Knoblauchflakes oder 2 angedrückte Knoblauchzehen
– 6 Scheiben Brot nach Wahl

WEITERE ZUTATEN

– Salzflocken
– 1 Prise Piment d'Espelette
– 1 unbehandelte Limette

KROSSE HÜHNERKEULEN

Die Hühnerkeulen auf die Hautseite legen und mit einem spitzen Messer beginnend vom Oberschenkel entlang der Knochen aufschneiden. Dann nach und nach das Fleisch vorsichtig vom Knochen lösen. Die ausgelösten Knochen am besten für eine Hühnersuppe verwenden. Das Olivenöl in eine Pfanne geben, die ausgelösten Hühnerkeulen mit der Haut nach unten hineinlegen. Die Fleischseite mit etwas Piment d'Espelette, Salz und Pfeffer würzen. Dann das Fleisch mit einer Lage Backpapier abdecken und darauf einen mit Wasser gefüllten Topf setzen, um so das Fleisch zu beschweren und gleichmäßig zu braten. Die Hühnerkeulen nur auf der Hautseite bei mittlerer Hitze langsam etwa 20–25 Minuten kross braten, dabei immer wieder die Hitze kontrollieren und regulieren, damit die Haut nicht verbrennt. Sobald das Fleisch fast durchgegart ist, dieses auf die Fleischseite wenden und noch 1–2 Minuten unbedeckt bei milder Hitze ziehen lassen.

TOMATEN-OLIVEN-SALSA

Die Tomaten putzen und würfeln. Reichlich Bruschetta-Gewürzmischung und etwas Olivenöl zugeben und vermengen. Die Rauchmandeln hacken und zugeben. Die Basilikumblätter fein schneiden und untermengen. Die Salsa je nach Geschmack mit Salz abschmecken.

KNOBLAUCHBROT

Die Butter mit dem Olivenöl in einer Pfanne aufschäumen lassen. Geschrotete Knoblauchflakes oder angedrückte frische Knoblauchzehen zugeben und die Brotscheiben darin beidseitig knusprig ausbacken.

Anrichten

Die krossen Hühnerkeulen in Streifen
schneiden, auf Tellern anrichten und mit
Salzflocken und etwas Piment d'Espelette
bestreuen. Dann etwas Limettenschale darüberreiben. Daneben reichlich Tomaten-
Oliven-Salsa geben. Das Knoblauchbrot in
beliebig große Ecken schneiden und dazu
reichen. Nach Belieben etwas Hühnerkeu-
len-Bratfett über das Brot träufeln.

Anrichten

Den Hähncheneintopf auf Teller verteilen
und mit grobem Salz bestreuen.

HÄHNCHENEINTOPF MIT ZWIEBELN UND KARTOFFELN

- 20 g Olivenöl
- 4 Hähnchenkeulen und/oder Hähnchenflügel
- 2 weiße Zwiebeln
- 3 Knoblauchzehen
- 2 Frühlingszwiebeln
- 1 Stängel frisches Zitronengras
- 1 TL Gulaschgewürz
- etwas Salz
- 100 ml trockener Rotwein
- 250 g passierte Tomaten
- 250 ml Hühnerfond
- 20 g Ingwer
- 2 getrocknete Lorbeerblätter
- 1 TL geräuchertes mildes Paprikapulver
- 1 TL Bruschetta-Gewürzmischung oder ein anderes Pizzagewürz
- etwas persische fermentierte Limette (Loomi)
- 30 ml Sojasauce mit gebranntem Lauchöl
- 6 kleine festkochende Kartoffeln
- 4 rote Spitzpaprika
- 1 unbehandelte Zitrone

WEITERE ZUTATEN
- grobes Salz

HÄHNCHENEINTOPF MIT ZWIEBELN UND KARTOFFELN

Das Olivenöl in einem Bräter erhitzen. Die Hähnchenkeulen und -flügel zugeben und beidseitig anbraten. Die Zwiebeln schälen, halbieren und in Spalten schneiden. Dann zu dem Hähnchen geben und mitbraten. Die Knoblauchzehen schälen, in Scheiben schneiden und zugeben. Die Frühlingszwiebeln putzen, in Ringe schneiden und ebenfalls zugeben.

Das Zitronengras mit einem Messerrücken klopfen, sodass die Fasern brechen und das Zitronengras mehr Aroma abgibt. Das geklopfte Zitronengras in große Stücke schneiden und zugeben. Das Gulaschgewürz und etwas Salz darüberstreuen und kurz anrösten. Dann mit Rotwein ablöschen und die passierten Tomaten zugeben. Anschließend mit dem Hühnerfond aufgießen. Den Ingwer schälen, in Scheiben schneiden und mit den Lorbeerblättern zugeben. Das geräucherte milde Paprikapulver, die Gewürzmischung Bruschetta grüne Olive und etwas frisch geriebene fermentierte Limette zugeben. Dann mit etwas Sojasauce würzen. Die Kartoffeln schälen und ganz in die Sauce legen.

Die Spitzpaprika putzen, in fingerdicke Ringe schneiden und in die Sauce geben. Etwas frisch geriebene Zitronenschale darüberreiben und alles vermengen. Das Fleisch und das Gemüse sollen mit Flüssigkeit bedeckt sein, je nach Bedarf noch etwas Hühnerfond zugießen. Alles aufkochen lassen, dann mit einem Deckel verschließen und den Bräter in den vorgeheizten Backofen schieben. Den Eintopf 2 Stunden schmoren lassen. Dann je nach Geschmack nochmals abschmecken.

Tipp: Pollo con cebolla schmeckt am nächsten Tag aufgewärmt noch besser!

ZÄRTLICH GEGARTE HÜHNERBRUST
mit Romana und Pilzen

HÜHNERBRUST IN CURRY-BUTTER

- 2 sehr frische Hühnerbrüste ohne Haut, am besten frisch ausgelöst, z. B. Maishähnchen
- 30 g Butter
- 20 g Olivenöl
- etwas Curry
- 1 unbehandelte Limette
- Salz

GEBRATENER ROMANA-SALAT & KRÄUTERSEITLINGE

- 2 Romanasalatherzen
- 20 g Olivenöl
- etwas Salz
- 4 frische Kräuterseitlinge
- 1 Prise Pfeffer
- ½ TL geschrotete Knoblauchflakes
- 1 Prise Umami-Gewürzzubereitung

BLAUBEER-CASHEWKERN-VINAIGRETTE

- 50 g Blaubeeren
- 2 junge Tropea-Zwiebeln
- 20 g Cashewkerne
- 10 g Blattpetersilie
- Hühner-Currybutter (siehe Teilrezept »Hühnerbrust in Currybutter«)
- 1 Zitrone
- 20 ml Weißweinessig
- 1 TL Ahornsirup
- 1 Prise Umami-Gewürzzubereitung
- etwas Salz
- 20 g Olivenöl

HÜHNERBRUST IN CURRYBUTTER

Die Hühnerbrust von der kurzen Seite her quer in dünne Scheiben schneiden. Reichlich Butter mit etwas Olivenöl in einer Pfanne aufschäumen und bräunen. Die Pfanne vom Herd nehmen und die gebräunte Butter lauwarm abkühlen lassen. Diese lauwarme Nussbutter mit etwas Curry-Gewürzmischung und frisch geriebener Limettenschale würzen. Das Fleisch salzen und in die lauwarme Currybutter legen. Die Hühnerbrust nicht braten, sondern nur leicht gar ziehen lassen. Sollte das Fleisch nach mehreren Minuten nicht garen, je nach Bedarf die Pfanne zurück auf den Herd stellen und bei sehr wenig Hitze wieder leicht erhitzen. Dann die Pfanne wieder vom Herd ziehen, damit das Fleisch nicht zu braten beginnt. Die Fleischstücke vorsichtig und einzeln wenden und immer darauf achten, dass die Currybutter nicht zu heiß wird. Diese sanfte Garmethode erfordert Geduld und viel Gefühl und dauert mindestens 10–15 Minuten. Das Fleisch immer wieder wenden. Die Pfanne mit einem Deckel verschließen und das Fleisch nachziehen lassen. Zum Schluss das Fleisch nochmals leicht salzen.

GEBRATENER ROMANASALAT & KRÄUTERSEITLINGE

Die Romanasalatherzen putzen und längs vierteln. Etwas Olivenöl in einer Pfanne erhitzen und den Salat mit den Schnittflächen nach unten beidseitig goldbraun anbraten. Dann salzen und aus der Pfanne nehmen. Währenddessen die Kräuterseitlinge putzen und längs in feine Streifen schneiden. Etwas mehr Olivenöl in derselben Pfanne erhitzen. Die Pilzstreifen zugeben und mit Salz, Pfeffer, Knoblauchflakes und Umami-Gewürzzubereitung würzen. Die Pilze unter Schwenken kurz sautieren, aus der Pfanne nehmen und ziehen lassen.

BLAUBEER-CASHEWKERN-VINAIGRETTE

Die Blaubeeren waschen und halbieren. Die Zwiebeln putzen, längs in Streifen schneiden und anschließend fein würfeln. Die Cashewkerne grob hacken. Die Blattpetersilie fein hacken. Alle vorbereiteten Zutaten miteinander vermengen. Etwas Hühner-Currybutter von der fertig gegarten Hühnerbrust zugeben. Alles mit frisch gepresstem Zitronensaft, Weißweinessig, Ahornsirup, Umami-Gewürzzubereitung und Salz abschmecken. Zum Schluss mit etwas Olivenöl verfeinern.

Anrichten

Die gebratenen Romanasalatherzen auf Tellern anrichten und die sautierten Kräuterseitlinge samt dem entstandenen Garsaft darauf verteilen. Dann die zärtlich gegarte Hühnerbrust darauflegen. Die restliche Hühner-Currybutter nach Belieben in die Blaubeer-Cashewkern-Vinaigrette rühren und die gesamte Vinaigrette gleichmäßig über das Fleisch geben.

Anrichten

Die cremige Paprika-Polenta auf tiefe Teller verteilen und das Salsiccia-Fenchel-Ragout daraufgeben. Zum Schluss noch etwas Parmesan darüberreiben und servieren.

SALSICCIA-FENCHEL-RAGOUT
auf Polenta

CREMIGE PAPRIKA-POLENTA

– 5 rote Spritzpaprika
– 2 frische Fenchelknollen
– 20 g Olivenöl
– 30 g Butter
– 1 EL Bruschetta-Gewürzmischung
– 100 g feiner Maisgrieß für Polenta
  (keine Minuten-Polenta)
– etwas Salz
– reichlich Parmesan am Stück

SALSICCIA-FENCHEL-
RAGOUT

– 200 g Salsiccia (italienische rohe
  Bratwurstspezialität)
– 1 geputzte Fenchelknolle
– 2 Schalotten
– 20 g Olivenöl
– etwas Salz
– 50 ml trockener Weißwein
– 150 g hausgemachte Tomatensauce
  (Rezept auf S. 65) oder frische
  stückige Tomaten
– 1 TL geräuchertes mildes
  Paprikapulver
– 1 Prise Piment d'Espelette
– 1 Prise Pfeffer
– ½ TL Fenchelsamen
– 5 g frische Blattpetersilie

WEITERE ZUTATEN
– Parmesan am Stück

CREMIGE PAPRIKA-POLENTA

Die Spitzpaprika putzen. Die Stiele von den Fenchelknollen abschneiden und die äußere Schale abtrennen. Das Innere der Fenchelknolle für die Zubereitung des Salsiccia-Fenchel-Ragouts (siehe Teilrezept) beiseitestellen. Die Fenchelabschnitte zusammen mit den Spitzpaprika in einem Entsafter zu Paprika-Fenchel-Saft verarbeiten. Den Paprika-Fenchel-Saft in einen Topf füllen und reichlich Olivenöl und Butter zugeben. Die Bruschetta-Gewürzmischung zugeben und aufkochen.

Dann den Maisgrieß nach und nach einrieseln lassen, verrühren und mit Salz würzen. Die Polenta bei mittlerer Hitze 15–20 Minuten köcheln lassen, bis der Maisgrieß anzieht und gar ist, dabei öfters umrühren. Zum Schluss frisch geriebenen Parmesan unterrühren und cremig binden.

SALSICCIA-FENCHEL-RAGOUT

Die rohe Salsiccia mit den Händen grob aus der Wurstpelle zupfen. Die geputzte Fenchelknolle in Würfel schneiden. Die Schalotten schälen und fein würfeln. Das Olivenöl in einer Pfanne erhitzen und darin die Schalotten und den Fenchel anbraten. Die Salsiccia zugeben und gut durchschwenken. Alles zusammen anbraten und mit Salz würzen. Mit dem Weißwein ablöschen. Die Tomatensauce zugeben und mit geräuchertem milden Paprikapulver, Piment d'Espelette und Pfeffer würzen. Die Fenchelsamen mit etwas Olivenöl fein hacken und zugeben. Alles zusammen etwa 5 Minuten köcheln lassen. Zum Schluss frisch gehackte Petersilie zugeben.

TOAST HAWAII VERSUS
Toast Südtirol

ANANAS-CHUTNEY FÜR TOAST HAWAII

- ½ reife Ananas
- 1 weiße Zwiebel
- 20 g Butter
- 5 g Ingwer
- etwas mildes Curry
- 1 TL Tomatenketchup
- Salz

TOAST HAWAII

- 2 Scheiben Kastenweißbrot
- 20 g flüssige Butter
- Ananas-Chutney (siehe Teilrezept)
- 1 reife Avocado
- 80 g gekochter Schinken
- 30 g junger Gouda

SPECK-SAUERKRAUT FÜR TOAST SÜDTIROL

- 100 g Südtiroler Speck
- 1 weiße Zwiebel
- 20 g Butter
- 80 g frisches Sauerkraut
- 1 TL feiner, glatter Senf
- ½ TL gemahlenes Brotgewürz
- 1 Prise Pfeffer
- 50 g flüssige Sahne

TOAST SÜDTIROL

- 2 Roggen-Sauerteigbrot, in Scheiben
- 20 g flüssige Butter
- Speck-Sauerkraut (siehe Teilrezept)
- 6 dünne Scheiben Südtiroler Speck
- 30 g alter Bergkäse
- etwas frischer Schnittlauch, in feine Röllchen geschnitten

ANANAS-CHUTNEY FÜR TOAST HAWAII

Die Ananas sorgfältig schälen. Zuerst in dünne Scheiben und anschließend in Würfel schneiden. Die Zwiebel putzen, halbieren und in feine Streifen schneiden. Etwas Butter in einem Topf zerlassen und darin die Zwiebeln glasig anschwitzen. Etwas frisch geriebenen Ingwer und etwas Curry-Gewürzmischung zugeben und anrösten. Dann die Ananaswürfel zugeben und anbraten. Dann das Ketchup zugeben und anrösten. Das Ananas-Chutney mit 1 Prise Salz würzen und vom Herd nehmen.

TOAST HAWAII

Den Backofenrost auf ein Backblech setzen und die Weißbrotscheiben darauflegen. Die Brote mit flüssiger Butter bepinseln und im vorgeheizten Backofen (Grillstufe) kurz rösten. Die Brote wenden und die zweite Seite ebenfalls mit flüssiger Butter bepinseln. Dann darauf das Ananas-Chutney verteilen. Die Avocado schälen, vom Stein befreien und in Spalten schneiden. Die Avocadospalten auf das Ananas-Chutney legen und mit gekochtem Schinken belegen. Den Gouda in feine Streifen schneiden und auf den Schinken legen. Den Toast Hawaii im Backofen (Grillstufe) kurz überbacken, bis der Käse schmilzt.

SPECK-SAUERKRAUT FÜR TOAST SÜDTIROL

Den Speck fein würfeln. Die Zwiebel putzen, halbieren und in feine Streifen schneiden. Etwas Butter in einem Topf zerlassen und darin den Speck und die Zwiebeln anbraten. Dann das Sauerkraut und den Senf unterrühren und anrösten. Die Mischung mit Brotgewürz und Pfeffer würzen und mit Sahne ablöschen. Das Speck-Sauerkraut vom Herd nehmen.

TOAST SÜDTIROL

Den Backofenrost auf ein Backblech setzen und die Brotscheiben darauflegen. Die Brote mit flüssiger Butter bepinseln und im vorgeheizten Backofen (Grillstufe) kurz rösten. Die Brote wenden und die zweite Seite ebenfalls mit flüssiger Butter bepinseln. Dann darauf das Speck-Sauerkraut verteilen und mit Südtiroler Speck belegen. Den Bergkäse darüberreiben. Den Toast Südtirol im Backofen (Grillstufe) kurz überbacken, bis der Käse schmilzt. Zum Schluss mit feinen Schnittlauchröllchen bestreuen.

FLEISCHPFLANZERL
mit Zwiebel und Rettich

FLEISCHPFLANZERL

– 200 g Weißbrot oder Toastbrot
  vom Vortag
– 300 ml Vollmilch
– 2 frische weiße Zwiebeln oder frische
  junge Tropea-Zwiebeln
– 100 g Champignons
– 50 g Butter
– 20 g Olivenöl
– 75 g gekochter Schinken
– 2 Knoblauchzehen
– 1 Prise Pfeffer
– etwas frisch geriebene Muskatnuss
– 5 g feiner, glatter Senf
– 500 g Hackfleisch vom Kalb
– 2 Eier
– 10 g Blattpetersilie oder Rucola
– Salz
– 1 Prise mildes Curry
– 50 g Butterschmalz, zum Braten

SAURE ZWIEBELN
MIT LORBEER

– 2 weiße Zwiebeln
– 20 g Butter
– 1 Lorbeerblatt
– etwas gerebelter Thymian
– 50 ml trockener Weißwein
– 15 ml Weißweinessig
– etwas Salz
– 1 Prise Pfeffer
– 1 TL feiner, glatter Senf
– etwas Essiggurken-Einlegesud
  aus dem Glas

GERIEBENER RETTICH

– ½ frischer weißer Rettich
– 10 ml Weißweinessig
– Salz

FLEISCHPFLANZERL

Das Weißbrot grob zerteilen, mit kalter Milch bedecken und etwa 30 Minuten einweichen lassen.

Die Zwiebeln putzen und in feine Streifen schneiden. Die Champignons putzen und feine Scheiben schneiden. Die Butter mit etwas Olivenöl in einer Pfanne zerlassen und die Zwiebeln und die Champignons darin farblos anschwitzen. Den Schinken würfeln und zugeben. Die Knoblauchzehen schälen, fein hacken und zugeben. Die Mischung mit Pfeffer und etwas frisch geriebener Muskatnuss würzen und so lange bei mittlerer Hitze weiterbraten, bis die Zwiebeln weich sind. Die Zwiebelmischung aus der Pfanne nehmen. Den Senf unterrühren und vollständig abkühlen lassen.

Das eingeweichte Weißbrot mit den Händen ausdrücken und zur Zwiebelmischung geben. Durch die feine Scheibe des Fleischwolfes drehen oder auf ein Brett geben und mit einem großen Messer 3–4 Minuten sehr fein hacken. Die Masse zu dem Hackfleisch geben. Die Eier, die fein gehackte Petersilie, Salz und nach Belieben etwas mildes Curry zugeben. Alles zusammen mit den Händen zu einem gebundenen Teig verarbeiten.

Aus dem Hackfleischteig mit nassen Händen kleine bis mittelgroße Pflanzerl formen. Reichlich Butterschmalz in einer Pfanne erhitzen. Die Pflanzerl im heißen Butterschmalz bei mittlerer Hitze beidseitig je 3–4 Minuten goldbraun anbraten.

Die Fleischpflanzerl auf eine ofenfeste Platte setzen, mit etwas Brat-Butterschmalz übergießen und im vorgeheizten Backofen bei 90 °C (Ober-/Unterhitze) etwa 5–6 Minuten gar ziehen lassen. Die Pfanne mit dem Bratansatz für die Zubereitung der sauren Zwiebeln (siehe Teilrezept) verwenden.

SAURE ZWIEBELN MIT LORBEER

Die Zwiebeln putzen, halbieren und in Streifen schneiden. Die Pfanne mit dem Bratansatz und etwas Butter erneut erhitzen. Die Zwiebeln, das Lorbeerblatt und etwas gerebelten Thymian zugeben und gut durchschwenken. Alles bei mittlerer Hitze anbraten und schmoren, bis die Zwiebeln etwas weich sind. Dann mit dem Weißwein und etwas Weißweinessig ablöschen und köcheln lassen. Die Zwiebeln mit Salz, Pfeffer, etwas feinem Senf und etwas Essiggurken-Einlegesud würzen. Die Lorbeerblätter entfernen. Zum Schluss etwas kalte Butter zugeben, gut durchschwenken und die Sauce sämig binden.

GERIEBENER RETTICH

Den Rettich schälen und mit einer feinen Reibe zu sehr dünnen Fäden reiben. Den geriebenen Rettich mit Salz und Weißweinessig abschmecken.

Tipp

Dazu passt ein Kartoffelpüree
mit Nussbutter.

Anrichten

Die sauren Zwiebeln samt der sämigen Sauce auf Tellern verteilen und die
Fleischpflanzerl daraufsetzen. Zum
Schluss etwas geriebenen Rettich als Top-
ping auf die Fleischpflanzerl geben.

RINDERROULADEN

SAUCENANSATZ

– 2 Pastinaken

– ½ Knollensellerie

– 4 Zwiebeln nach Wahl (rote Zwiebeln, weiße Zwiebeln, Schalotten)

– 2 Knoblauchzehen

– 100 g fetter Südtiroler Speck oder Bauchspeck

– 200 g Shiitakepilze

– 50 g Olivenöl

– 40 g Butter

– 1 TL Korianderkörner

– 1 Lorbeerblatt

– 40 g Tomatenmark

– 750 ml trockener Rotwein

– 30 ml Sojasauce

– etwas Salz

SENFPASTE UND FÜLLUNG FÜR RINDERROULADEN

– 1 TL frische Rosmarinnadeln

– 1 TL frische Thymianblättchen

– 2 EL scharfer Senf

– etwas getrockneter, gerebelter Majoran

– 1 Prise Umami-Gewürzmischung

– 3 Scheiben Schwarz- oder Mischbrot

– 50 g fetter Südtiroler Speck oder Bauchspeck

– 20 g Butter

– 3 Karotten

RINDERROULADEN

– 4 Rinderrouladenscheiben aus der Oberschale, Schmetterlingsschnitt

– 1 Prise Salz

– etwas Pfeffer

– Senfpaste (siehe Teilrezept)

– vorbereitete Füllung (siehe Teilrezept)

– etwas helles, glattes Weizenmehl zum Mehlieren

– 20 g Olivenöl

– Saucenansatz (siehe Teilrezept)

SAUCENANSATZ

Die Pastinaken und den Knollensellerie schälen und würfeln. Die Zwiebeln schälen und ebenfalls grob würfeln. Die Knoblauchzehen schälen und den Speck in Streifen schneiden. Die Shiitakepilze je nach Größe grob würfeln. Das Olivenöl in einem Bräter erhitzen. Das Wurzelgemüse zugeben und anbraten. Den Knoblauch, den Speck und die Shiitakepilze zugeben und alles etwa 10–15 Minuten gut anrösten. Dann die Butter, die Korianderkörner und das Lorbeerblatt zugeben und vermengen. Das Tomatenmark unterrühren, kurz anrösten und mit etwas Rotwein und Sojasauce ablöschen. Alles etwas einkochen lassen und den restlichen Rotwein zugeben. Den Saucenansatz leicht salzen.

SENFPASTE UND FÜLLUNG FÜR RINDERROULADEN

Für die Senfpaste die Rosmarinnadeln und die Thymianblättchen fein hacken. Dann mit dem Senf, dem gerebelten Majoran und der Umami-Gewürzmischung verrühren. Das Brot in längliche, etwa 2–3 Zentimeter große Croûtons schneiden. Den Speck in Streifen schneiden. Beides in schäumender Butter rösten und aus der Pfanne nehmen. Die Karotten schälen und in längliche Stäbchen schneiden.

RINDERROULADEN

Die Fleischscheiben nebeneinander auf die Arbeitsfläche legen und mit Salz und Pfeffer würzen. Dann etwas Senfpaste aufstreichen. Je 2 Karottensticks, 3 Brotcroûtons und etwas gerösteten Speck quer am unteren breiten Drittel auflegen. Die Seitenränder einschlagen und aufrollen. Die gefüllten Rinderrouladen mit je 2 kleinen Holzspießchen fixieren und etwas salzen. Dann rundherum leicht mit etwas Weizenmehl bestäuben. Das Olivenöl in einer Pfanne erhitzen und die Rinderrouladen von allen Seiten scharf anbraten. Dann die Rinderrouladen in den Bräter zu dem Saucenansatz geben. Den Bratensatz mit Wasser ablösen, loskochen und ebenfalls zum Saucenansatz geben. Das Fleisch soll mit Sauce bedeckt sein, je nach Bedarf noch etwas Wasser zugeben. Alles einmal aufkochen lassen. Den Bräter mit einem Deckel verschließen und in den auf 160 °C (Ober-/Unterhitze) vorgeheizten Backofen schieben. Die Rinderrouladen 1 Stunde schmoren lassen.

Die fertigen Rinderrouladen aus der Sauce nehmen und die Holzspießchen entfernen. Die Sauce etwa 15 Minuten sämig einkochen lassen. Die Rinderrouladen zurück in die Sauce legen und erhitzen. Zum Schluss mit Salz abschmecken.

Tipp: Das schmackhafte Schmorgemüse kann mitgegessen werden, ansonsten nach Wunsch die Sauce durch ein Sieb passieren.

Auf der nächsten Seite geht es weiter …

Anrichten

Das Kartoffelpüree mittig auf Tellern anrichten. Darauf je
1 Rinderroulade setzen und mit reichlich heißer Schmorsauce
übergießen. Das Kaiserschoten-Zwiebel-Gemüse locker auf
die Roulade geben und heiß servieren.

KARTOFFELPÜREE

– 200 g mehligkochende Kartoffeln
– Salz
– 100 g weiche Butter
– 10 g Olivenöl
– etwas Vollmilch
– etwas Salz
– 1 Prise frisch geriebene Muskatnuss

KAISERSCHOTEN-ZWIEBEL-GEMÜSE

– 100 g frische Kaiserschoten
– 2 junge weiße Zwiebeln
– 10 g Olivenöl
– etwas Butter
– 1 Prise Salz
– 1 Prise Pfeffer

KARTOFFELPÜREE

Die Kartoffeln in Salzwasser gar kochen, abgießen und kurz ausdampfen lassen. Die Kartoffeln samt der Schale durch eine Kartoffelpresse drücken – die Kartoffeln müssen nicht zwingend gepellt werden, zwischendurch immer wieder die Schale aus der Kartoffelpresse entfernen. Die Butter zu den Kartoffeln geben und mit einem Gummispatel vermengen. Dann das Olivenöl untermengen und etwas heiße Vollmilch zugeben. Mit Salz und frisch geriebener Muskatnuss würzen und alles gut mit dem Gummispatel zu einem cremigen Kartoffelpüree vermengen.

KAISERSCHOTEN-ZWIEBEL-GEMÜSE

Die Kaiserschoten und die Zwiebeln in Streifen schneiden. Das Olivenöl in einer Pfanne erhitzen und die Zwiebeln darin anbraten. Dabei öfters durchschwenken, bis die Zwiebeln weich und goldgelb geröstet sind. Die Kaiserschoten zugeben, anbraten und durchschwenken. Zum Schluss die Butter zugeben und das Gemüse mit Salz und Pfeffer würzen.

Anrichten

Die Spargelstangen auf Tellern anrichten und mit der Mandel-Parmesan-Bröselbutter bestreuen. Dann etwas Parmesan darüber-reiben. Die geflämmten Kalbfleischscheiben darauf drapieren und den Kräuter-Topfen darüber verteilen. Zum Schluss mit frischer Gartenkresse garnieren.

GEBRATENER WEISSER SPARGEL
mit Kalbfleisch

GEBRATENER SPARGEL

– 10 weiße Spargelstangen

– 20 g Butter

– 10 g Olivenöl

– Salz

– 1 TL Umami-Gewürzzubereitung

– 20 g Semmelbrösel

– 20 g geriebene Mandelkerne
  mit Schale

– 20 g frisch geriebener Parmesan

BRÖSELIGER KRÄUTER-TOPFEN

– 10 g frische Blattpetersilie

– 10 g frischer Dill

– 20 g Olivenöl

– 75 g frischer Bröseltopfen oder ma-
  gerer, ausgepresster Speisequark

– Meersalz

GEFLÄMMTES KALBFLEISCH

– 150 g Kalbsfilet, ersatzweise Kalbs-
  rücken oder Kalbsnuss

– etwas Olivenöl

– etwas Salz

– 1 Prise Pfeffer

WEITERE ZUTATEN

– Parmesan am Stück

– frische Gartenkresse

GETRÄNKETIPP: WEISSER »SPRITZER«

– Eiswürfel

– gekühlter Weißwein

– kaltes Sprudelwasser

– frisch gepresster Limettensaft

– frische Minzezweige

GEBRATENER SPARGEL

Den weißen Spargel äußerst sorgfältig mit einem Spargelschäler schälen, dazu die Spargelstange immer leicht drehen, sodass die Spargelstange gleichmäßig und rund abgeschält wird. Die unteren holzigen Enden abschneiden.

Die Butter und etwas Olivenöl in einer großen Pfanne zerlassen. Eventuell mit 2 Pfannen arbeiten. Die Spargelstangen zugeben, leicht salzen und mit etwas Umami-Gewürzzubereitung würzen. Den Spargel beim Braten immer wieder leicht drehen und rundherum bei mittlerer Hitze rösten. Dann mit Semmelbröseln und geriebenen Mandelkernen bestreuen. Etwas Parmesan darüberreiben und nochmals etwas Butter zugeben. Die Pfanne immer wieder leicht rütteln und die Spargelstangen weiterbraten, bis sie rundherum geröstet und gut mit den Mandel-Parmesan-Butterbröseln ummantelt sind. Dann nochmals mit Salz und etwas Umami-Gewürzmischung würzen. Erneut etwas Parmesan über die Spargelstangen reiben und mit Semmelbröseln bestreuen, dann mit etwas Olivenöl beträufeln.

BRÖSELIGER KRÄUTER-TOPFEN

Die Kräuter grob schneiden und mit dem Olivenöl zu einer Kräuterpaste mixen. Diese mit einem Löffel unter den Bröseltopfen mengen. Den Kräuter-Topfen mit Meersalz würzen.

GEFLÄMMTES KALBFLEISCH

Das Kalbfleisch in dünne Scheiben schneiden und mit etwas Olivenöl bestreichen. Eine Lage Frischhaltefolie darüberlegen und mit einem Plattiereisen oder einer Stielkasserolle leicht plattieren. Das Kalbfleisch mit Salz und Pfeffer würzen. Dann mit einem Bunsenbrenner kurz abflämmen und so kurz angaren.

GETRÄNKETIPP: WEISSER »SPRITZER«

Einige Eiswürfel in große Weingläser verteilen und je zur Hälfte mit trockenem Weißwein und Sprudelwasser auffüllen. Etwas frisch gepressten Limettensaft zugeben und mit je 1 Minzezweig garnieren.

X.O. BEEF MIT EIGELB
und Pilz-Zwiebel-Sud

PILZ-ZWIEBEL-SUD

– 150 g weiße Champignons
– 150 g braune Champignons
  (Egerlinge)
– 2 rote Zwiebeln
– 10 g Ingwer
– 30 g Olivenöl
– ½ TL geschrotete Knoblauchflakes
– 1 Prise Pfeffer
– 20 ml japanische Sojasauce
– etwas frisch gepresster Zitronensaft
– 1 Prise Piment d`Espelette

X.O. BEEF MIT EIGELB & NUSSBUTTER

– 80 g Butter
– 300 g X.O. Beef – Rinderschale
  (Fleisch von der alten Kuh)
– 2 Eigelb

WEITERE ZUTATEN

– 5 weiße Champignons, ohne Stiele
– Fleur de Sel
– Schnittlauch, frisch in feine Röllchen
  geschnitten
– Macadamianusskerne oder
  geröstete Erdnusskerne

PILZ-ZWIEBEL-SUD

Die Pilze putzen und in Scheiben schneiden. Die Zwiebeln schälen, halbieren und in Streifen schneiden. Den Ingwer schälen und in feine Stifte schneiden. Das Olivenöl in einem Topf erhitzen und darin die Zwiebelstreifen kurz farblos anschwitzen. Dann die Pilze und den Ingwer zugeben. Alles gut vermengen und dünsten. Die Pilzmischung mit Knoblauchflakes und Pfeffer würzen und mit etwas Wasser auffüllen, sodass alles beinahe bedeckt ist. Alles zusammen etwa 15–20 Minuten leicht sieden lassen. Dann den Sud durch ein feines Sieb passieren und mit Sojasauce, frisch gepresstem Zitronensaft, Piment d'Espelette und Knoblauchflakes abschmecken.

X.O. BEEF MIT EIGELB & NUSSBUTTER

Die Butter in einem Topf zerlassen und langsam bräunen. Diese Nussbutter vom Herd nehmen und beiseitestellen. Das Fleisch mit einem großen Messer gegen die Faser in dünne Scheiben schneiden. Die Fleischscheiben kranzförmig und locker auf Tellern drapieren. Mittig je 1 frisches Eigelb setzen.

Anrichten

Reichlich heißen Pilz-Zwiebel-Sud über das vorbereitete rohe X.O. Beef
gießen. Die vorbereitete Nussbutter nochmals gut erhitzen und über das
Fleisch gießen, sodass es leicht zischt und das rohe Fleisch leicht angart.
Dann rohe weiße Champignons mit einem Trüffelhobel fein darüberhobeln
und mit Fleur de sel und frischen Schnittlauchröllchen bestreuen. Zum
Schluss Macadamianusskerne darüberstreuen.

PASTA E FAGIOLI
mit gebratenem Lammrücken

WEISSE BOHNENKERNE

- 75 g kleine weiße Bohnenkerne, getrocknet (z. B. Cannellini-Bohnen)
- 1 Prise Salz

BUNTES BOHNENRAGOUT

- 100 g frische grüne Bohnen
- 2 Karotten
- 2 milde weiße Zwiebeln
- 20 g Olivenöl
- 100 g Nackenspeck vom Mangalitza-Schwein oder anderer roh geräucherter durchwachsener Speck
- 2 Knoblauchzehen
- 175 g vorgegarte weiße Bohnenkerne (siehe Teilrezept »Weiße Bohnenkerne«)
- 25 g geröstete ungesalzene Cashewkerne
- 4 Datteln
- 1 Prise Ras el Hanout
- 100 ml Bohnenkochwasser (siehe Teilrezept »Weiße Bohnenkerne«)
- etwas Salz
- 1 Zitrone

WEISSE BOHNENKERNE

Die Bohnenkerne über Nacht in reichlich kaltem Wasser einweichen. Das Einweichwasser abgießen und die Bohnenkerne mit frischem Wasser gar kochen. Erst gegen Ende der Kochzeit das Salz zugeben. Die Bohnenkerne abgießen, etwas Bohnenkochwasser auffangen und beides beiseitestellen.

BUNTES BOHNENRAGOUT

Die grünen Bohnen putzen und beiseitestellen. Die Karotten schälen und in sehr kleine Würfel schneiden. Die Zwiebeln putzen und ebenfalls fein würfeln. Beides in einer Pfanne mit etwas Olivenöl farblos anschwitzen. Den Nackenspeck fein würfeln, zugeben und anbraten. Die Knoblauchzehen schälen, fein hacken und ebenfalls zugeben. Die gekochten weißen Bohnenkerne zugeben. Die grünen Bohnen in kleine Stücke schneiden und roh zugeben. Alles zusammen 8–9 Minuten gut anrösten. Die Cashewkerne grob hacken und zugeben. Die Datteln entsteinen, würfeln und unter das Bohnenragout mengen. Dann mit Ras el Hanout würzen und mit etwas Bohnenkochwasser ablöschen. Das Bohnenragout mit Salz und frisch gepresstem Zitronensaft abschmecken.

Auf der nächsten Seite geht es weiter …

Anrichten

Die Pasta e Fagioli sowie das Bohnenragout
mittig auf Teller verteilen und den Lammrücken
darauf anrichten. Zum Schluss das Fleisch mit
Salzflocken bestreuen und servieren.

PASTA E FAGIOLI

- 150 g Pipette rigate (kleine Hart-
  weizen-Hörnchenpasta)
- etwas Salz
- 50 g Fetakäse
- etwas Pecorino am Stück
- 10 g frische Blattpetersilie
- buntes Bohnenragout (siehe Teilrezept »Buntes Bohnenragout«)
- 1 Prise Pfeffer
- etwas Olivenöl
- etwas frisch gepresster Zitronensaft
- 1 Prise Ras el Hanout
- 1 Prise Piment d'Espelette

GEBRATENER LAMM-
RÜCKEN

- 1 EL hocherhitzbares neutrales
  Pflanzenöl
- 500 g ausgelöster Lammrücken mit
  Fettdeckel
- etwas Salz
- etwas Pfeffer
- 1 Prise Ras el Hanout
- 50 g Butter
- 2 frische Salbeizweige
- 2 Knoblauchzehen

WEITERE ZUTATEN

- Salzflocken

PASTA E FAGIOLI

Die Pasta in reichlich sprudelnd kochendem Salzwasser bissfest garen. Währenddessen den Fetakäse klein würfeln und den Pecorino fein reiben. Die Blattpetersilie fein hacken. Die Pasta abgießen, das Nudelkochwasser auffangen und beiseitestellen. Die bissfest gegarte Pasta zum Bohnenragout geben. Den gewürfelten Fetakäse, den fein geriebenen Pecorino und die gehackte Blattpetersilie zugeben und mit Pfeffer würzen. Alles gut durchschwenken. Dann etwas heißes Nudelkochwasser zugeben, gut durchschwenken und so das Pastagericht leicht binden. Die Pasta e Fagioli mit Olivenöl, frisch gepresstem Zitronensaft, Ras el Hanout, Piment d'Espelette und Salz abschmecken.

GEBRATENER LAMMRÜCKEN

1 EL hocherhitzbares Pflanzenöl in einer unbeschichteten Pfanne nahe dem Rauchpunkt sehr stark erhitzen. Den Lammrücken mit dem Fettdeckel nach unten vorsichtig hineinlegen und bei sehr hoher Hitze sehr scharf anbraten. Das Fleisch wenden und ebenfalls kurz und scharf anbraten. Den Lammrücken aus der Pfanne nehmen. Dann mit Salz, Pfeffer und Ras el Hanout würzen und auf eine ofenfeste Platte legen. Das Bratöl aus der Pfanne gießen. Die Pfanne erneut erhitzen und darin die Butter aufschäumen lassen. Die Salbeizweige und die angedrückten, ungeschälten Knoblauchzehen zugeben und kurz rösten. Die Bratbutter samt den Salbeizweigen und dem Knoblauch über das Fleisch gießen. Das Fleisch im vorgeheizten Backofen bei 90 °C (Ober-/Unterhitze) etwa 40 Minuten schonend medium garen. Den Lammrücken aus dem Backofen nehmen und kurz ruhen lassen. Anschließend in fingerdicke Scheiben schneiden. Nach Belieben etwas aromatische Lammbratbutter unter die fertige Pasta rühren.

Tipp: Die Pasta e Fagioli schmeckt auch ohne Lammrücken hervorragend.

Anrichten

Den Pomelo-Gurken-Salat am besten mithilfe eines
großen Ausstechrings mittig auf Tellern anrichten.
Die Calamari fritti draufsetzen und mit Koriandergrün
garnieren.

CALAMARI FRITTI
mit Pomelo und Erdnüssen

CALAMARI FRITTI

- 400 g kleine Calamari, ersatzweise aufgetaute gute TK-Ware
- reichlich neutrales Pflanzenöl zum Frittieren
- 100 g glattes Weizenmehl
- 100 g Tapiokastärke
- 1 Prise Salz
- 1 Prise Piment d'Espelette

POMELO-GURKEN-SALAT MIT ERDNUSSDRESSING

- ½ Pomelo
- 1 kleine Salatgurke
- 1 junge Tropea-Zwiebel oder milde weiße Zwiebel
- 20 g Ingwer
- 20 g geröstete ungesalzene Erdnusskerne
- 30 g Erdnussbutter
- 20 ml Sojasauce
- 1 Prise milde Curry-Gewürzmischung
- 5 g frische Korianderstiele
- 1 Prise geschrotete rote Jalapeño-Chili
- 1 Prise Salz
- 1 Prise geschrotete Knoblauchflakes
- 1 Limette

WEITERE ZUTATEN
- etwas frisches Koriandergrün

GETRÄNKETIPP: ERFRISCHENDER POMELO-VERJUS-DRINK
- frisch gepresster Pomelosaft
- Eiswürfel
- Verjus
- Sprudelwasser

CALAMARI FRITTI

Die Calamari ein paar Minuten in kaltes Wasser legen. Dann die Calamari aus dem Wasser nehmen und mit einem Ruck die Tentakel samt Eingeweide von der Tube trennen. Die Tentakel knapp über den Augen abschneiden, die Kauwerkzeuge von den Tentakeln entfernen und die Tentakel nochmals gut unter fließendem Wasser abspülen und abtropfen lassen. Die Eingeweide, die Augen und die Kauwerkzeuge entsorgen. Vorsichtig unter fließendem Wasser die eventuell vorhandene marmorierte braunviolette Haut so gut wie möglich von den Tuben abziehen und entsorgen. Die Tuben unter fließendem Wasser innen und außen säubern und abtropfen lassen. Die Tuben halbieren.

Vor dem Anrichten reichlich Pflanzenöl in einem Topf auf etwa 180 °C erhitzen. Zu gleichen Teilen Weizenmehl und Tapiokastärke mischen und mit etwas Salz würzen. Die Calamarituben und -tentakeln zugeben und gut vermischen. Die mehlierten Calamari portionsweise im heißen Pflanzenöl goldgelb und knusprig ausbacken und auf Küchenpapier abtropfen lassen. Dann mit Salz und Piment d'Espelette würzen und heiß anrichten.

POMELO-GURKEN-SALAT MIT ERDNUSSDRESSING

Die Schale der Pomelo großzügig abschneiden und mit einem Messer die Fruchtfilets herausschneiden. Die Pomelofilets und die Salatgurke in kleine Würfel schneiden. Die Zwiebel putzen und fein würfeln. Den Ingwer schälen und fein reiben. Alles mit den Erdnusskernen vermengen. Die Erdnussbutter mit etwas Sojasauce und etwas Curry-Gewürzmischung glatt rühren. Die Korianderstiele fein hacken und zugeben. Das Erdnussdressing zum Salat geben und alles gründlich und behutsam vermengen. Dann mit Jalapeño-Chili, Salz, geschroteten Knoblauchflakes und frisch gepresstem Limettensaft abschmecken.

ERFRISCHENDER POMELO-VERJUS-DRINK

Den Pomelosaft in hohe Gläser füllen und reichlich Eiswürfel zugeben. Dann mit etwas Verjus und Sprudelwasser auffüllen. Den Drink kurz umrühren und genießen.

Anrichten

Den Kartoffelsalat auf Tellern anrichten. Den Fisch
sowie die lauwarmen Romanasalatherzen auf den Salat
legen und mit fein geschnittenen Tropea-Zwiebeln
und mit zerkrümelten Kartoffelchips garnieren. Zum
Schluss mit Salzflocken bestreuen.

FORELLE
mit Kartoffelsalat

KARTOFFELSALAT MIT AVOCADO

- 300 g kleine, festkochende Kartoffeln
- etwas Salz
- heiße Vinaigrette (siehe Teilrezept »Vinaigrette«)
- etwas neutrales Pflanzenöl
- optional etwas Brühe
- 2 reife Avocados
- 1 Prise Pfeffer

VINAIGRETTE

- 2 weiße Zwiebeln, ersatzweise Schalotten
- 40 g Butter
- 20 g Olivenöl
- 15 ml Weißweinessig
- 10 ml Essiggurkensud aus dem Glas
- 1 TL feiner Senf
- ½ TL Meerrettich aus dem Glas
- 250 ml Geflügel- oder Rinderbrühe, ersatzweise Gemüsebrühe
- etwas Salz
- 1 Prise Umami-Gewürzmischung

FORELLE MIT ROMANA-SALAT

- 2 frische Regenbogenforellenfilets ohne Haut
- 1 Prise Fichtennadelsalz
- 20 g Butter
- 10 g Olivenöl
- 2 Romanasalatherzen
- 1 Zitrone

WEITERE ZUTATEN

- 1 Tropea-Zwiebel oder ein paar Frühlingszwiebeln, fein geschnitten
- Kartoffelchips
- Salzflocken

KARTOFFELSALAT MIT AVOCADO

Die Kartoffeln in Salzwasser gar kochen, abgießen und etwas abkühlen lassen. Dann unbedingt noch lauwarm pellen, in Scheiben schneiden und sofort weiterverarbeiten.

Die heiße Vinaigrette über die lauwarmen Kartoffelscheiben gießen und vermengen. Nur lauwarme Kartoffelscheiben saugen die heiße Vinaigrette nach und nach auf. Erst jetzt etwas Pflanzenöl zugeben und gut vermengen. Den Kartoffelsalat am besten 30 Minuten ziehen lassen, er sollte durch die Vinaigrette leicht sämig gebunden und nicht zu trocken sein. Je nach Konsistenz noch etwas Brühe erhitzen und untermengen. Die Avocado schälen, den Stein entfernen und das Fruchtfleisch in Würfel schneiden. Unter den Kartoffelsalat mischen. Den Kartoffelsalat mit Pfeffer würzen.

VINAIGRETTE

Die Zwiebel putzen, halbieren und in dünne Streifen schneiden. Etwas Butter und Olivenöl erhitzen, die Zwiebeln zugeben und glasig anschwitzen. Dann mit dem Weißweinessig ablöschen. Den Essiggurkensud, den Senf und den Meerrettich zugeben. Die Brühe zugeben und aufkochen. Die heiße Vinaigrette kräftig mit Salz und Weißweinessig abschmecken und mit etwas Umami Gewürzmischung verfeinern, dann heiß weiterverarbeiten.

FORELLE MIT ROMANASALAT

Das Fischfilet säubern, in circa 5–6 Zentimeter breite Stücke schneiden und mit etwas Fichtennadelsalz bestreuen. Die Butter mit etwas Olivenöl in einer Pfanne behutsam erhitzen. Die Forellenfiletstücke in die Pfanne legen und sanft bei sehr milder Temperatur 1–2 Minuten garen. Den Fisch wenden, mit Fichtennadelsalz bestreuen. Die Romanasalatherzen zerpflücken und mit in die Pfanne geben, erwärmen. Die Forelle glasig durchziehen lassen und zum Schluss mit etwas frisch gepresstem Zitronensaft beträufeln.

FORELLEN-HÜHNER-
>>Bouillabaisse<<

HÜHNERKEULEN UND REGENBOGENFORELLE

– 2 Hühnerkeulen
– 2 frische Regenbogenforellen mit
  Kopf, küchenfertig

HÜHNER-FISCH-FOND MIT SAFRAN

– ½ Staudensellerie
– 1 Fenchelknolle
– 2 rote Zwiebeln
– etwas Olivenöl
– ausgelöste Hühnerknochen
  (siehe Teilrezept)
– Regenbogenforellenkarkassen und
  -kopf (siehe Teilrezept)
– frische Blattpetersilienstängel
– 20 g Ingwer
– 10 Safranfäden
– 40 ml Weißwein
– Kirschtomaten
– Salz
– 1 Prise Knoblauchflakes
– 1 Prise Fenchelsaat
– 1 dicke Scheibe frische Zitrone

HÜHNERKEULEN UND REGENBOGENFORELLE

Die Hühnerkeulen auf die Hautseite legen und mit einem spitzen Messer beginnend vom Oberschenkel entlang der Knochen aufschneiden. Nach und nach das Fleisch vorsichtig vom Knochen lösen. Das Fleisch kalt stellen. Die ausgelösten Hühnerknochen für die Zubereitung des Hühner-Fisch-Fonds (siehe Teilrezept) verwenden.

Die Regenbogenforelle filetieren und die Haut von den Fischfilets abziehen. Ersatzweise den Fisch vom Fischhändler filetieren lassen und die Fischkarkassen sowie den Fischkopf mit nach Hause nehmen. Die Fischfilets entgräten, säubern und kalt stellen. Die Fischkarkassen und den Fischkopf säubern und für die Zubereitung des Hühner-Fisch-Fonds (siehe Teilrezept) verwenden. Die abgezogene Fischhaut entsorgen.

HÜHNER-FISCH-FOND MIT SAFRAN

Den Staudensellerie und die Fenchelknolle putzen und würfeln. Die Zwiebeln schälen und ebenfalls würfeln. Das Olivenöl in einem großen Topf erhitzen. Die ausgelösten Hühnerknochen, die Fischkarkassen und den Fischkopf zugeben. Alles zusammen etwa 1 Minute farblos anbraten. Das vorbereitete Gemüse zugeben, alles gut vermengen und farblos dünsten. Die Blattpetersilienstängel grob schneiden. Den Ingwer schälen und in feine Stifte schneiden. Beides zugeben und weiterdünsten. Die Safranfäden zugeben und mit dem Weißwein ablöschen. Alles gut durchrühren und weiterdünsten. Die Kirschtomaten halbieren und untermengen. Dann mit so viel Wasser aufgießen, bis alles gerade bedeckt ist. Den Fond langsam aufkochen und salzen. Die Knoblauchflakes und die Fenchelsaat zugeben. Von der Zitronenscheibe die Schale samt den weißen Bestandteilen großzügig abschneiden. Das Fruchtfleisch in grobe Würfel schneiden und zugeben. Den Hühner-Fisch-Fond etwa 30 Minuten sanft köcheln lassen. Den Topf vom Herd nehmen und den Fond maximal weitere 15 Minuten ziehen lassen. Durch ein feines Sieb abgießen.

Auf der nächsten Seite geht es weiter ...

Anrichten

Die Forellen-Hühner-»Bouillabaisse« auf tiefe Teller
verteilen und mit etwas Olivenöl beträufeln.

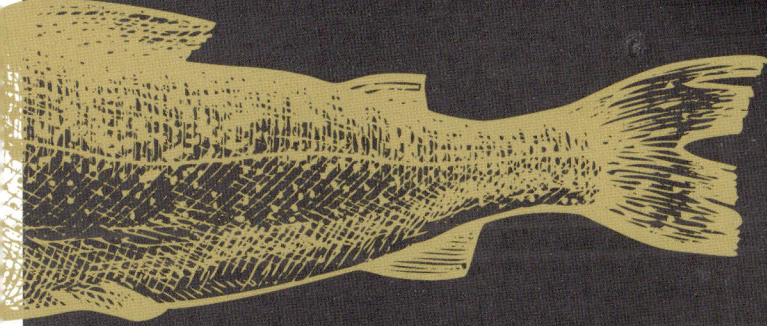

»BOUILLABAISSE«

- ausgelöstes Hühnerkeulenfleisch, mit Haut (siehe Teilrezept)
- 4 rohe Riesengarnelen ohne Schale
- 1 Fenchelknolle
- etwas Olivenöl
- junge festkochende Kartoffeln, vorgegart und gepellt
- 1 Prise Salz
- etwas Piment d'Espelette
- Hühner-Fisch-Fond (siehe Teilrezept)
- frisch ausgelöstes Regenbogenforellenfilet (siehe Teilrezept)
- etwas Petersilie
- etwas frisches Koriandergrün

WEITERE ZUTATEN

- Olivenöl

»BOUILLABAISSE«

Das Hühnerkeulenfleisch samt der Haut in mundgerechte Stücke schneiden. Die Riesengarnelen vom Darm befreien, unter fließend kaltem Wasser säubern und in Stücke schneiden. Die Fenchelknolle putzen, längs halbieren und ebenfalls längs in grobe Streifen schneiden.

Das Olivenöl in einem Bräter oder in einem großen Topf erhitzen. Das Hühnerkeulenfleisch mit der Hautseite nach unten hineinlegen und anbraten. Daneben die vorgegarten, gepellten ganzen Kartoffeln geben. Alles mit Salz und Piment d'Espelette würzen und scharf anbraten. Dabei die Kartoffeln öfters wenden, das Hühnerkeulenfleisch allerdings nur auf der Hautseite braten. Die Fenchelstreifen zugeben und mitbraten. Als Letztes die Garnelen zugeben und kurz anbraten. Anschließend mit dem Hühner-Fisch-Fond aufgießen und aufkochen. Alles zusammen 3–4 Minuten sanft köcheln lassen, bis der Fenchel weich gegart ist, aber noch Biss hat. Die Suppe mit Salz abschmecken.

Das Fischfilet in mundgerechte Würfel schneiden und in die »Bouillabaisse« legen. Den Bräter vom Herd nehmen und den Fisch 1–2 Minuten glasig gar ziehen lassen. Die »Bouillabaisse« darf keinesfalls mehr kochen. Währenddessen die Petersilie und den Koriander fein hacken und darüberstreuen. Dann mit etwas Piment d'Espelette bestreuen.

GARNELENRAGOUT
mit Knoblauchbaguette

GARNELENRAGOUT

– 250 g geschälte rohe
 Riesengarnelen
– 100 g aromatische Kirschtomaten
– 2 kleine grüne Zucchini
– 1 junge Tropea-Zwiebel oder
 Frühlingszwiebel
– 10 g Olivenöl
– 1 Prise Piment d'Espelette
– 1 Prise Pfeffer
– 2 g geschrotete Knoblauchflakes
– 1 Prise Tomatenflocken
– 3 g Fenchelsamen
– 1 Zitrone
– 1 Prise Salz
– etwas Knoblauch-Kräuter-Butter
 (siehe Teilrezept)

KNOBLAUCH-KRÄUTER-BUTTER

– 100 g zimmerwarme Butter
– 1 junge Knoblauchzehe
– 20 g frische Blattpetersilie
– 10 g frisches Basilikum
– etwas Olivenöl
– 1 unbehandelte Zitrone
– 1 Prise Piment d'Espelette
– 1 Prise geräuchertes mildes
 Paprikapulver
– 1 Prise Salz

KNOBLAUCHBAGUETTE

– 1 Baguette
– Knoblauch-Kräuter-Butter
 (siehe Teilrezept)

WEITERE ZUTATEN

– Olivenöl

GARNELENRAGOUT

Die Riesengarnelen vom Darm befreien und unter fließendem kaltem Wasser säubern. Die Garnelen in Würfel schneiden. Die Kirschtomaten putzen und vierteln. Die Zucchini putzen und mit der Rohkostreibe grob raspeln. Die Tropea-Zwiebel putzen und fein würfeln. Das Olivenöl in einer großen Pfanne erhitzen und darin die Garnelen kurz anbraten. Dann die Zucchiniraspel, die Tropea-Zwiebeln und die Kirschtomaten zugeben. Etwas Olivenöl darüberträufeln und durchschwenken. Alles mit Piment d'Espelette, Pfeffer, Knoblauchflakes und Tomatenflocken würzen. Die Fenchelsamen mit etwas Olivenöl fein hacken und zugeben. Alles gut durchschwenken und mit frisch gepresstem Zitronensaft und Salz abschmecken. Etwas Wasser zugeben und einköcheln lassen. Dann etwas Knoblauch-Kräuter-Butter zugeben und das Garnelenragout sämig binden. Mit frisch gepresstem Zitronensaft und Salz abschmecken.

KNOBLAUCH-KRÄUTER-BUTTER

Die weiche Butter mit dem Handrührgerät cremig aufschlagen. Den Knoblauch putzen und fein schneiden. Die Blattpetersilie und die Basilikumblätter fein hacken. Den Knoblauch, die Kräuter und etwas Olivenöl in einen Mixbecher geben. Etwas frisch geriebene Zitronenschale zugeben und mit dem Stabmixer fein mixen. Die Kräuterpaste mit Piment d'Espelette und Paprikapulver würzen und unter die aufgeschlagene Butter rühren. Die Knoblauch-Kräuter-Butter mit Salz abschmecken.

Tipp: Die Knoblauch-Kräuter-Butter auf Vorrat einfrieren. Dazu die fertige Butter längs auf eine Lage Frischhaltefolie geben und einrollen. Die Enden verknoten, sodass ein Bonbon entsteht. Die Butterrolle einfrieren und bei Gebrauch davon im gefrorenen Zustand in Scheiben abschneiden.

KNOBLAUCHBAGUETTE

Das Baguette diagonal etwa alle 2 Zentimeter einschneiden, dabei das Brot nicht komplett durchschneiden. In die Schlitze reichlich Knoblauch-Kräuter-Butter streichen. Zum Schluss überstehende Butter außen glatt verstreichen. Das Knoblauchbaguette auf den Backofenrost legen und in den vorgeheizten Backofen schieben. Darunter ein Backblech platzieren und das Knoblauchbaguette bei 180 °C in etwa 15 Minuten knusprig backen.

Anrichten

Das Garnelenragout auf die Teller verteilen und
mit etwas Olivenöl beträufeln. Das ofenfrische
knusprige Knoblauchbaguette in Scheiben
schneiden und dazu reichen.

Anrichten

Die Kartoffeln, die Zucchini und die knusprig gebratenen Oktopus-arme dekorativ auf Tellern anrichten. Dann die Paprika-Oliven-Vinaigrette großzügig in die Zwischenräume geben. Zum Schluss mit etwas Olivenöl beträufeln und mit Meersalz bestreuen. Den Oktopus-Avocado-Salat in separaten Schalen anrichten und mit Basilikum garnieren.

PULPO

- 1 küchenfertigen Oktopus
  (Pulpo, TK-Produkt)
- 1 Knolle frischer Knoblauch
- 1 Staudensellerie
- 1 Frühlingszwiebel
- 10 g frische Petersilienstängel
- etwas Salz
- 4 festkochende Kartoffeln

GEBRATENER PULPO MIT KARTOFFELN

- 30 g Olivenöl
- vorgegarte Kartoffeln aus Pulpofond
  (siehe Teilrezept »Pulpo«)
- vorgegarte Oktopusarme (siehe Teilrezept »Pulpo«)
- 2 Knoblauchzehen
- 2 frische Rosmarinzweige
- etwas Salz
- 4 junge Zucchini mit frischen
  Zucchiniblüten
- 1 Prise Piment d'Espelette
- ½ TL geräuchertes mildes
  Paprikapulver

PAPRIKA-OLIVEN-VINAI-GRETTE FÜR DEN GEBRA-TENEN PULPO

- 6 rote Spitzpaprika
- 2 Frühlingszwiebeln
- 15 g ligurische Taggiasca-Oliven
  ohne Stein
- 1 unbehandelte Limette
- etwas Salz
- 1 Prise Piment d'Espelette
- 1 Handvoll frische Basilikumblätter
  oder andere mediterrane Kräuter
- 50 g Olivenöl

PULPO

Den Oktopus über Nacht im Kühlschrank langsam auftauen lassen. Die ganze Knoblauchknolle, den Staudensellerie und die Frühlingszwiebel putzen, in grobe Stücke schneiden und in einen großen Topf geben. Die Petersilienstängel und etwas Salz hinzufügen und den aufgetauten Oktopus zugeben. Dann mit kaltem Wasser auffüllen. Alles zusammen langsam aufkochen und den Oktopus 1,5 Stunden sanft köcheln lassen. Die Kartoffeln schälen und nach etwa 1 Stunde zugeben und mitgaren. Den weich gegarten Pulpo aus dem Fond nehmen und die Oktopusarme vom Körper abschneiden. Die Kartoffeln und die Oktopusarme für die Zubereitung des gebratenen Pulpo mit Kartoffeln (siehe Teilrezept) verwenden. Den Oktopuskörper putzen, dabei die Augen und die Kauwerkzeuge entfernen. Den übrigen Körper in Würfel schneiden und für die Zubereitung des Pulpo-Avocado-Salates (siehe Teilrezept) verwenden.

GEBRATENER PULPO MIT KARTOFFELN

Das Olivenöl in einer Pfanne erhitzen und die ganzen Kartoffeln und die vorgegarten Oktopusarme zugeben. Die Knoblauchzehen andrücken und mit den Rosmarinzweigen zugeben. Alles zusammen leicht salzen und scharf anrösten. Die Oktopusarme öfters wenden und knusprig braten, dann aus der Pfanne nehmen. Die fingerdicken Zucchini von den Blüten abtrennen, längs halbieren und zu den Kartoffeln in die Pfanne geben. Alles zusammen mit Salz, Piment d'Espelette und Paprikapulver würzen und goldbraun rösten. Zum Schluss die Zucchiniblüten grob zerpflücken und kurz mitbraten. Nochmals mit Salz abschmecken.

PAPRIKA-OLIVEN-VINAIGRETTE FÜR DEN GEBRATENEN PULPO

Die Spitzpaprika putzen und die Stielansätze abschneiden. Einige Paprikaschoten in einem Entsafter zu Paprikasaft verarbeiten. Die restlichen Paprikaschoten in kleine Würfel schneiden und zu dem Paprikasaft geben. Die Frühlingszwiebeln putzen, klein würfeln und zugeben. Die Oliven hacken und zugeben. Alles vermengen und mit frisch gepresstem Limettensaft, Salz und Piment d'Espelette abschmecken. Die Basilikumblätter fein schneiden und unterrühren. Zum Schluss mit frisch geriebener Limettenschale und Olivenöl verfeinern.

Auf der nächsten Seite geht es weiter …

OKTOPUS-AVOCADO-SALAT

– vorgegarter Pulpo, gewürfelt
  (siehe Teilrezept »Pulpo«)
– 1 kleine Salatgurke
– 1 reife Avocado
– 50 g Kirschtomaten
– etwas Salz
– 20 g Olivenöl
– etwas frisch gepressten Limettensaft
– 5 g frisches Koriandergrün
– 20 ml Sojasauce
– 1 Prise Piment d'Espelette

WEITERE ZUTATEN

– 10 g Olivenöl
– Meersalz
– frische Basilikumblätter

OKTOPUS-AVOCADO-SALAT

Die vorgegarten Pulpo-Würfel in eine Schüssel geben. Die Salatgurke längs vierteln und würfeln. Die Avocado schälen, vom Stein befreien und würfeln. Die Kirschtomaten halbieren. Die vorbereiteten Zutaten zum Pulpo geben und salzen. Dann etwas Olivenöl und frisch gepressten Limettensaft darüberträufeln. Das Koriandergrün fein hacken und zugeben. Alles zusammen zu einem Salat vermengen und mit Sojasauce, Piment d'Espelette und Salz abschmecken.

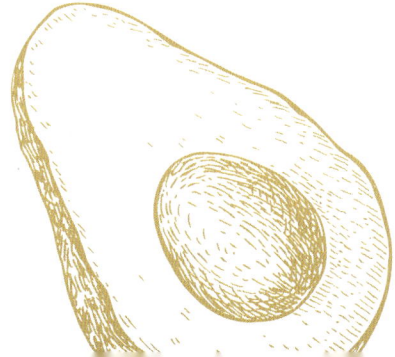

SAFRAN-RISOTTO
mit Spitzpaprika, Rucola und Lachs

SAFRAN-RISOTTO

– 2 kleine Schalotten oder frische
  Tropea-Zwiebeln
– 40 g Olivenöl
– 150 g Risottoreis, am besten
  Carnaroli-Risottoreis
– 500 ml heiße Gemüsebrühe, am
  besten hausgemacht
– 5 gelbe Paprikaschoten oder
  Spitzpaprika zum Entsaften
– 1 g Safranfäden
– ½ TL geschrotete Knoblauchflakes
– etwas Salz
– 1 Prise Piment d'Espelette
– 3 gelbe Spitzpaprika für das Risotto
– 1 Bund frischen Rucola
– 40 g kalte Butter
– reichlich Parmesan am Stück
– 1 Zitrone

SANFT GEGARTER LACHS

– 250 g Lachsfiletstücke ohne Haut,
  frisch oder aufgetaut
– etwas Salz
– 1 unbehandelte Limette
– 50 g Butter

WEITERE ZUTATEN

– Olivenöl

SAFRAN-RISOTTO

Die Schalotten putzen und fein würfeln. Das Olivenöl in einem Topf erhitzen und darin die Schalottenwürfel bei mittlerer Temperatur farblos anschwitzen. Den Risottoreis zugeben und nur kurz verrühren. Dann mit 2–3 Schöpfern heißer Gemüsebrühe aufgießen. Den Reis sanft köcheln lassen.

Währenddessen die Paprikaschoten vom Stielansatz und Samen befreien und in einem Entsafter zu Saft verarbeiten. Ersatzweise die Paprikaschoten klein schneiden und mit etwas Gemüsebrühe fein sehr fein mixen. Den Paprikasaft zum Reis geben und sanft weiterköcheln lassen.

Die Safranfäden und die Knoblauchflakes zugeben und mit Salz und Piment d'Espelette würzen. Das Risotto nicht zu stark rühren und erneut heiße Gemüsebrühe angießen, sobald die Flüssigkeit vom Reis aufgesogen wurde.

Die Spitzpaprika putzen und in feine Würfel schneiden. Den Rucola waschen und grob schneiden. Die kalte Butter in Würfel schneiden. Den Parmesan fein reiben.

Sobald die Reiskörner bissfest gegart sind, den Topf sofort vom Herd nehmen. Die Paprikawürfel, den Rucola, die Butterstückchen, den fein geriebenen Parmesan, etwas frisch gepressten Zitronensaft, etwas Olivenöl, etwas Salz und etwas Piment d'Espelette zugeben. Den Topf, ohne vorher umzurühren, mit einem Deckel verschließen und alles 1–2 Minuten ruhen lassen.

Erst jetzt alles mit einem Kochlöffel kräftig verrühren. Je nach Bedarf noch etwas heiße Gemüsebrühe zugeben. Das Risotto immer wieder durchschwenken und sämig binden. Zum Schluss mit Salz abschmecken.

SANFT GEGARTER LACHS

Die Lachsstücke auf einem Teller verteilen und mit Salz und frisch geriebener Limettenschale bestreuen. Dann reichlich Butter auf dem Fisch verteilen und straff mit Alufolie überziehen. Den Fisch im vorgeheizten Backofen bei 70 °C (Ober-/Unterhitze) je nach Dicke der Fischstücke etwa 35 Minuten glasig gar ziehen lassen.

Anrichten

Das Safran-Risotto auf tiefe Teller verteilen. Den sanft gegarten Lachs darauf anrichten und nach Belieben mit ein paar Tropfen Olivenöl beträufeln.

Mal andere Dinge ausprobieren

Roland: Ich wollte eine Auszeit, mal andere Dinge ausprobieren, als ich im Dezember 2013 im Restaurant Hangar-7 aufhörte – nach 11 Jahren dort und nach 25 Jahren in der Küche. Ich dachte: Mal schauen, was auf mich zukommt. Ich machte verschiedene Praktika für ein paar Wochen beim Schreiner, Schneider und Holzschnitzer, um zu erfahren, was andere Menschen für Berufe ausüben und wie Dinge funktionieren. Bei meinem Schreiner in Salzburg durfte ich mein eigenes Kästchen tischlern. Dabei habe ich vor allem eines gelernt: Wenn man ein schönes Resultat erzielen will, muss man genauso wie in der Küche wahnsinnig penibel arbeiten. Allerdings ist der Druck nicht so extrem. Als Schreiner habe ich einen Kunden und nicht gleich 50 bis 150 oder sogar bis zu 2000 Gäste, die im Lokal sitzen und auf ihr Essen warten. Wenn im Restaurant das Essen nicht nach 15 Minuten auf dem Tisch

ist, kommen gleich die Beschwerden. In anderen Berufen habe ich mehr Zeit, etwas herzustellen, und das Endergebnis ist auch sehr nachhaltig. Das ist Essen halt nicht. Wenn es gegessen ist, dann war es das. Mein Kästchen mit den Zinkbeschlägen hingegen wird ein Leben lang bei mir stehen. Ich werde immer wieder darauf schauen. Solche handwerklichen Dinge, ob es jetzt der selbst geschreinerte Kasten ist oder der aus Holz geschnitzte Kopf oder die Lederjacke, die ich beim Markus Meindl damals von der ersten Zeichnung bis hin zum Zusammennähen des Leders selbst hergestellt habe – das sind Dinge, die ich ein Leben lang haben und schätzen werde.

Bei diesen Praktika habe ich auch gelernt, was es heißt, alleine zu arbeiten. Wenn du allein arbeitest, bist du eigenverantwortlich. Jeder Fehler, der dir passiert, ist dein eigener Fehler. Das ist eine sehr direkte Erfahrung. Wenn du in einem großen Team arbeitest und die Führungsposition übernimmst, dann ist es am Ende auch dein Fehler, obwohl du persönlich den handwerklichen Fehler nicht gemacht hast. Wenn Fehler passieren, mache ich sie lieber selbst. Dann kann ich an mir arbeiten. Andererseits ist es aber auch schön, im Team zu arbeiten. Wer immer alleine arbeitet, wird schnell zum Eigenbrötler und hat vielleicht auch keine Entwicklung. Und die ist doch im Leben mitunter das Wichtigste, was einen am glücklichsten macht.

Mit den Erfahrungen dieser Praktika hatte ich auch den Mut, mich beruflich umzuorientieren. Meine TV-Karriere begann mit Auftritten als Gastjuror bei *The Taste*, bis ich dann festes Jurymitglied wurde. Ich war bei

Kitchen Impossible oder bei *Grill den Profi*, schließlich kam 2017 die Anfrage für *First Dates*. Meine Frau und ich haben uns das Format in Spanien und in England angeschaut, und natürlich haben wir gesehen, dass ich mit diesem Format die Küche verlasse. Weil ich aber gerne Gastgeber bin und gut mit Menschen umgehen kann, reizte mich das.

Bei *First Dates* gingen die Dreharbeiten im August 2017 los. Die Sendung läuft seit März 2018 werktags um 18 Uhr auf VOX – es gibt viele Menschen, die zu dieser Zeit von der Arbeit heimkommen. Der Alltagsstress fällt von ihnen ab, die Sendung zeigt eine heile Welt, etwas, wonach sich die Menschen sehnen. Es ist ein einfaches Format, absolut leichte Kost, ein bisschen voyeuristisch. Du schaust gerne zu, wie Menschen sich anstellen beim ersten Date, du bist mit aufgeregt und vielleicht auch mal peinlich berührt in bestimmten Situationen. Du bist voller Freude, wenn es zwischen denen funkt, oder du bist auch mal wütend, wenn es dann doch nicht passt, wenn einer dem anderen einen Strich durch die Rechnung macht. Es ist ein sehr emotionales Format. Auch weil sich viele darin wiedererkennen. Fast jeder Mensch hat diese Situation schon erlebt, dass er mit einem Menschen, den er gerade kennengelernt hat, zum ersten Mal in einem Restaurant sitzt.

Ich denke, dass der Großteil der Gäste bei *First Dates* absolut authentisch ist und sich sehr wohl Gedanken macht, wie er oder sie der anderen Person gegenübertritt, wie er oder sie sich präsentiert. Da vergisst du die Kamera schnell. 99 Prozent der Gäste kommen tatsächlich, weil sie einen Partner suchen. Und sind aufgeregt, weil sie die Sendung schon oft gesehen haben. Du kommst in den Raum, den du schon hundertmal gesehen hast. Dann steht auf einmal der Trettl da und im Hinterkopf lauert schon die größte Aufregung: »Ich lerne jetzt gleich jemanden kennen, mit dem ich im Idealfall eine längere Zeit zusammen bin.« Und dann gibt es noch die vielleicht größte Aufregung: »Gefällt mir die Person, die jetzt gleich kommt? Gefalle ich ihr überhaupt?« Es sind so viele Aufregungen, dass du schon ein richtig guter Schauspieler sein müsstest, um da nur eine Rolle zu spielen.

No-Gos bei einem First Date gibt es natürlich – in meinen Augen. Doch nicht ich, sondern die Personen am Tisch entscheiden, was ihnen gefällt und was nicht. Da gibt es auch keine Speisen, die man sich besser nicht bestellt, etwa weil sie nicht ganz einfach zu essen sind. Die Wahl

des Gerichts sagt schon viel über eine Person aus. Möchte jemand lieber leichte Kost oder steht er oder sie auf dunkle Soßen? Wenn eine Frau Spareribs bestellt, wäre mein Gedanke: Wow! Ich liebe es. Weil sie eine selbstsichere Frau ist. Selbstsicherheit ist etwas für mich, was eine Frau schön macht. Wenn du aber selbst kein allzu selbstsicherer Typ bist, dann ist diese Frau vielleicht nicht die Richtige für dich, denn sie macht dich ja noch unsicherer.

Wenn ich selbst einen Rat geben müsste für ein First Date, dann wäre es nur dieser: Verbiege dich nicht! Mach keine Dinge nur, weil es das erste Date ist. Ich würde auch immer so sein, wie ich bin. Ich würde mich zum Beispiel nicht davon abbringen lassen, die Rechnung zu bezahlen, selbst wenn die Frau das gerne anders regeln möchte. Ich würde mich da schon durchsetzen. Ich würde auch Komplimente machen. Selbst wenn ich weiß, dass es Menschen gibt, die mit Komplimenten schlecht umgehen können. Wenn es einer Frau nicht gefallen würde, dass ich ihr ein Kompliment mache, dann ist sie eh die falsche Frau für mich.

Ich habe lernen müssen, dass es bei *First Dates* nicht um mich geht. Meine persönlichen Vorlieben sind da nicht wichtig. Es geht einfach nur um die zwei Personen, die zusammen am Tisch sitzen. Und ich musste auch lernen, kein schlechtes Gewissen zu haben, wenn jemand sich nicht so benimmt, wie ich mir das vorstellen würde. Wenn den beiden gefällt, was da passiert, dann ist alles richtig.

Nachspeisen

ARME RITTER
mit Sloeberry-Zabaione

ARME RITTER

- 300 g altbackener Hefezopf oder
  Brioche
- 100 ml Vollmilch
- 100 ml Sahne
- 50 g Crème fraîche
- 3 Eier
- 20 g Zucker
- 40 g Butter
- etwas Puderzucker

HONIG-SCHALOTTEN
MIT BLAUBEEREN UND
THYMIAN

- 2 Schalotten
- 25 g Butter
- 1 EL Wald-und-Wiesen-Honig
- etwas frischen Thymian
- 1 Zitrone
- 50 g frische Blaubeeren

SLOEBERRY-ZABAIONE

- 4 Eigelb
- 50 g Zucker
- Himbeer-Fruchtpulver
- 100 ml Sloeberry-Gin, ersatzweise
  Johannisbeer- oder Apfelsaft

ARME RITTER

Den Hefezopf in rechteckige große Stücke zuschneiden und in eine flache Form legen. Die Vollmilch, die Sahne, die Crème fraîche, die Eier und den Zucker mixen. Diesen Eierguss über den Hefezopf gießen und alles zusammen 30 Minuten ziehen lassen. Dabei die Hefezopfstücke öfters wenden.

Die Butter in einer Pfanne aufschäumen lassen. Die eingeweichten Zopfstücke zugeben und auf jeder Seite goldbraun anbraten. Aus der Pfanne nehmen und auf ein Backblech setzen. Die Armen Ritter mit Puderzucker übersieben und im vorgeheizten Backofen bei 180 °C (Umluft) 4–5 Minuten karamellisieren lassen.

HONIG-SCHALOTTEN MIT BLAUBEEREN UND THYMIAN

Die Schalotten schälen, längs halbieren und in feine Streifen schneiden. Die Butter in einer Sauteuse zerlassen, die Schalotten zugeben und farblos anschwitzen. Den Honig, den fein gehackten Thymian und etwas frisch gepressten Zitronensaft zugeben. Alles zusammen farblos schmoren und karamellisieren, bis die Zwiebeln weich sind. Dabei öfters umrühren und je nach Bedarf etwas Wasser zugeben. Die frischen Blaubeeren zugeben und vom Herd nehmen.

SLOEBERRY-ZABAIONE

Die Eigelbe, den Zucker und etwas Himbeer-Fruchtpulver in einen Schlagkessel geben und mit dem Handrührgerät kurz anschlagen. Dann den Sloeberry-Gin unterrühren. Den Schlagkessel auf ein heißes Wasserbad stellen. Das kochende Wasser darf den Schlagkessel nicht berühren. Die Zabaione über heißem Wasserdampf cremig aufschlagen, dabei darauf achten, dass die Zabaione nicht zu heiß wird. Die fertige Zabaione sofort vom Wasserbad nehmen und beiseitestellen, sonst stocken die Eier.

Anrichten

Die karamellisierten Armen Ritter auf Teller setzen und mit den Honig-Schalotten bedecken. Zum Schluss mit der warmen Sloeberry-Zabaione nappieren.

BEEREN-TIRAMISU
mit Sloeberry-Gin

MASCARPONE-ERDBEER-CREME

– 4 Eigelb
– 100 g Zucker
– 5 g frische Basilikumblätter
– 500 g Mascarpone
– 100 g frische Erdbeeren

SLOEBERRY-GIN-HIMBEER-TRÄNKE

– 20 g Himbeersirup
– 100 ml Wasser
– 100 g frische Himbeeren
– 50 ml Sloeberry-Gin

BEEREN-TIRAMISU

– Sloeberry-Gin-Himbeer-Tränke
  (siehe Teilrezept)
– 1 Packung Löffelbiskuits
– Mascarpone-Erdbeer-Creme (siehe
  Teilrezept)
– 20 g Himbeerpulver

MASCARPONE-ERDBEER-CREME

Die Eigelbe zusammen mit dem Zucker mithilfe des Handrührgerätes einige Minuten cremig aufschlagen. Die Basilikumblätter fein schneiden und zusammen mit dem Mascarpone zu der aufgeschlagenen Creme geben. Alles mit dem Handrührgerät cremig verrühren. Die Erdbeeren in kleine Würfel schneiden und unter die Creme heben.

SLOEBERRY-GIN-HIMBEER-TRÄNKE

Den Himbeersirup mit Wasser aufgießen. Die frischen Himbeeren zugeben und mit dem Stabmixer fein mixen. Den Sloeberry-Gin zugeben und vermischen.

BEEREN-TIRAMISU

Die Sloeberry-Gin-Himbeer-Tränke in eine flache Schale gießen. Die Löffelbiskuits einlegen und ziehen lassen, dann wenden und erneut ziehen lassen. Die Löffelbiskuits nicht zu lange tränken, diese sollen im Kern nicht vollständig von Tränke durchzogen sein, da sie im fertigen Tiramisu noch nachziehen. In eine rechteckige Glasform als erste Schicht etwas Mascarpone-Erdbeer-Creme einfüllen und gleichmäßig verteilen. Dann die getränkten Löffelbiskuits eng aneinander einschichten und mit Mascarpone-Erdbeer-Creme bedecken. Erneut eine Schicht getränkte Löffelbiskuit einlegen und mit der restlichen Mascarpone-Erdbeer-Creme gleichmäßig bedecken. Das Himbeerpulver in ein Sieb geben und das Tiramisu damit reichlich übersieben. Das Beeren-Tiramisu 3–4 Stunden im Kühlschrank durchziehen lassen.

Tipp: Sollte etwas Sloeberry-Gin-Himbeer-Tränke übrig bleiben, diese in einem gekühlten Cocktail weiterverwenden.

DIE WELTBESTE
Crème brûlée

CRÈME BRÛLÉE

- 270 g Sahne
- 400 g Vollmilch
- ½ Vanilleschote
- 200 g Sahne-Toffees
  (weiche Rahm-Karamell-Bonbons)
- Gewürzzucker aus Tonkabohne
  und Vanille
- 7 Eigelb

KARAMELLSCHICHT

- 150 g Kristallzucker

CRÈME BRÛLÉE

Die Sahne und die Vollmilch in einen Topf geben. Die Vanilleschote längs aufschneiden und mit einem Messer das Vanillemark herauskratzen. Mit dem Messer anschließend in ein Stück Sahne-Toffee schneiden und die Messerklinge wieder herausziehen, so bleibt das kostbare Vanillemark rückstandslos an dem Sahne-Toffee haften. Die Sahne-Toffees samt der Vanille zu dem Sahnegemisch geben und unter Rühren langsam erhitzen. Nach Belieben etwas Gewürzzucker zugeben. Gleich zu Anfang etwas leicht lauwarmes Sahnegemisch abnehmen und in einen hohen Mixbecher füllen. Die Eigelbe zugeben und untermixen. Die Sahne-Toffees im Sahnegemisch auflösen, aber nicht kochen lassen, dann vom Herd nehmen. Die Eigelbmasse zugeben und untermixen. Die Masse durch ein Sieb passieren und gleichmäßig in 6 mittelgroße Schalen füllen (Durchmesser circa 17 Zentimeter). Die Schalen in den vorgeheizten Backofen schieben und die Creme bei 95 °C (Umluft) etwa 75 Minuten langsam stocken lassen – die Schalen müssen während des Garvorganges nicht abgedeckt und auch in kein Wasserbad gesetzt werden. Anschließend herausnehmen und mindestens 2 Stunden kalt stellen.

KARAMELLSCHICHT

Den Kristallzucker in einem Topf langsam goldgelb karamellisieren. Das heiße Karamell auf eine Lage Backpapier gießen und aushärten lassen. Das harte Karamell in Stücke brechen und in einem leistungsstarken Mixer zu feinem Pulver mahlen. Das Karamellpulver lässt sich später als feine Schicht über die Creme brûlée sieben und kann so mit dem Bunsenbrenner gleichmäßig und schnell karamellisiert werden. Zum Abflämmen ist normaler Kristallzucker zu grobkörnig.

Fertigstellen und anrichten

Kurz vor dem Anrichten die gekühlten Crème-brûlée-Portionen aus dem Kühlschrank nehmen und dicht mit Karamellpulver übersieben. Dann mit einem Bunsenbrenner gleichmäßig abflämmen und karamellisieren.

Fertigstellen und anrichten

Die garen Erdbeerknödel mit einer Schaumkelle aus dem heißen
Wasser heben und kurz abtropfen lassen. Dann in die Pfanne zu
den Butterbröseln geben und gleichmäßig schwenken. Die Erdbeerknödel auf Tellern anrichten und mit reichlich süßen Butterbröseln bestreuen. Zum Schluss mit Puderzucker übersieben und
mit etwas Erdbeer-Fruchtpulver bestäuben.

ERDBEERKNÖDEL
mit Butterbröseln

KARTOFFELTEIG

- 1 kg mehligkochende Kartoffeln
- 50 g Butter
- 300 g helles, glattes Weizenmehl
- 200 g Speisequark, Magerstufe
- 2 Eigelb
- 1 Prise Salz
- 1 Messerspitze Vanillemark
- etwas frisch geriebene Muskatnuss

ERDBEERKNÖDEL

- 30 frische große Erdbeeren
- Kartoffelteig (siehe Teilrezept)
- etwas helles, glattes Weizenmehl
  zum Arbeiten
- etwas Salz

SÜSSE BUTTERBRÖSEL

- 150 g Toastbrotscheiben oder grobes
  Panko-Paniermehl (aus dem Asialaden)
- 120 g Butter
- etwas Puderzucker
- 200 g Semmelbrösel
- 1 Messerspitze Vanillemark

WEITERE ZUTATEN

- Puderzucker
- etwas Erdbeer-Fruchtpulver

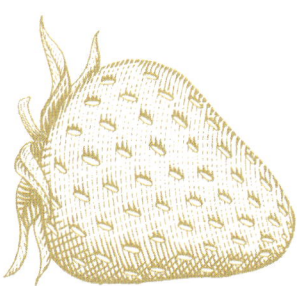

KARTOFFELTEIG

Die Kartoffeln in Wasser gar kochen, abgießen und ausdampfen lassen. Während-dessen die Butter in einem Topf erhitzen und bei milder Hitze langsam bräunen. Diese Nussbutter aus dem Topf nehmen und leicht abkühlen lassen. Die Kartof-feln pellen und nach dem Auskühlen durch die Kartoffelpresse drücken. Das Wei-zenmehl, die Nussbutter, den Speisequark und das Eigelb zugeben. Den Kartof-felteig mit Salz, Vanille und frisch geriebener Muskatnuss würzen. Alles zusammen mit den Händen zu einem geschmeidigen Teig kneten.

ERDBEERKNÖDEL

Die Erdbeeren waschen und putzen. Je nach Form die Erdbeerspitze abkappen, damit später die Knödel rund geformt werden können. Den Kartoffelteig auf der bemehlten Arbeitsfläche etwa 0,5 Zentimeter dick ausrollen und Teigflecken aus-schneiden. Mittig je 1 Erdbeere auf den Teig setzen und die Teigränder zusam-menklappen, überstehende Ränder mit den Fingern abtrennen. Die Erdbeere gleichmäßig mit dem Kartoffelteig ummanteln und festdrücken. Zum Schluss den Erdbeerknödel zwischen beiden Handflächen glatt rollen.

Reichlich Wasser in einem großen Topf aufkochen und leicht salzen. Die Erdbeer-knödel ins heiße Wasser gleiten lassen und bei leicht siedendem Wasser etwa 10–15 Minuten gar ziehen lassen.

Sollten nicht alle Knödel benötigt werden, kann man die nicht gegarten Knödel einfach einfrieren. Bei tiefgefrorenen Knödeln beträgt die Kochzeit 20 Minuten.

SÜSSE BUTTERBRÖSEL

Die Toastbrotscheiben quer halbieren und in sehr feine Würfel schneiden. Reich-lich Butter in einer Pfanne aufschäumen. Etwas Puderzucker darüberstäuben und auflösen. Das fein gewürfelte Toastbrot zugeben und verrühren. Die Semmel-brösel zugeben und vermengen. Anschließend mit etwas Vanille verfeinern und nochmals mit Puderzucker bestäuben. Alles gut durchschwenken und die Brösel langsam rösten.

Tipp: Als Knödelfüllung eignen sich je nach Saison auch super reife Marillen (Aprikosen), reife Zwetschgen oder Süßkirschen mit etwas Marzipan.

HEIDELBEER-DATSCHI
mit Vanillesauce

HEIDELBEER-DATSCHI

– 400 g frische Blaubeeren oder
  frische Waldheidelbeeren
– 20 g Holunderblütensirup
– ½ TL Gewürzzucker aus Tonkabohne
  und Vanille
– 80 g helles, glattes Weizenmehl
– 1 Ei
– 20 g Butterschmalz
– 20 g Butter
– etwas Kristallzucker oder hausgemachter Vanillezucker

VANILLESAUCE

– 250 ml Vollmilch
– 250 ml Sahne
– ½ Vanilleschote
– 5 Eigelb
– 2 gehäufte EL Kristallzucker oder
  hausgemachter Vanillezucker

WEITERE ZUTATEN

– Puderzucker

HEIDELBEER-DATSCHI

Die Heidelbeeren grob schneiden (Waldheidelbeeren nicht hacken, da sie selbst etwas aussaften). Etwas Holunderblütensirup und etwas Gewürzzucker zugeben. Alles vermengen und einige Minuten ziehen lassen. Das Weizenmehl und das verquirlte Ei zu den Beeren geben und alles zu einem gebundenen Teig vermengen. Etwas Butterschmalz in einer beschichteten Pfanne erhitzen. Jeweils 1 gehäuften EL Teig hineingeben und bei mittlerer Hitze anbraten. Etwas Gewürzzucker darüberstreuen. Dann die Pfanne in den auf 190 °C (Grillstufe) vorgeheizten Backofen schieben und 3–4 Minuten backen, bis die Oberfläche der Heidelbeer-Datschi leicht gestockt ist, so lassen sie sich später besser wenden. Dann die Pfanne herausnehmen und die Heidelbeer-Datschi mit einer Palette vorsichtig wenden. Reichlich Butter zugeben und aufschäumen lassen. Die Heidelbeer-Datschi mit Kristallzucker bestreuen, beidseitig bräunen und karamellisieren lassen.

VANILLESAUCE

Die Vollmilch und die Sahne in einem Topf zum Kochen bringen. Die Vanilleschote längs aufschlitzen und das Vanillemark herauskratzen. Beides in die Milch-Sahne-Mischung geben. Die Eigelbe in einen Metallschlagkessel geben. Den Kristallzucker zugeben und mit einem Schneebesen verrühren. Den Kessel über ein heißes Wasserbad stellen und die Masse leicht cremig aufschlagen. Die heiße Vanillesahne zugießen und mit dem Schneebesen gut verrühren. Die Masse über dem heißen Wasserbad mit einem Gummispatel stetig rühren und »zur Rose« abziehen. Die Probe erfolgt, indem man etwas Masse mit einem Kochlöffel entnimmt und darauf pustet. Bildet sich dann ein wellen- oder kringelartiges Muster, das an eine Rosenblüte erinnert, so ist die gewünschte Konsistenz erreicht. Dabei behutsam vorgehen und die Masse langsam erhitzen, sie darf keinesfalls kochen (maximal 80 °C), sonst gibt es Rührei. Die Vanillesauce vom Wasserbad nehmen und am besten zum Abkühlen in ein kaltes Wasserbad stellen.

VARIANTE: PIKANTE HEIDELBEER-DATSCHI

Etwas Gorgonzola über den fertig gebackenen Heidelbeer-Datschi verteilen und im Backofen bei 190 °C (Grillstufe) 2–3 Minuten gratinieren. Zum Schluss mit etwas Pfeffer bestreuen.

Anrichten

Die heißen Heidelbeer-Datschi auf
Tellern anrichten und mit Puderzucker
übersieben. Die Vanillesauce dazu
reichen.

Anrichten

Den Kaiserschmarrn auf einer großen Servierplatte oder auf Tellern
anrichten und mit dem Rhabarber-
Kompott servieren.

KAISERSCHMARRN
mit Rhabarber – süß und pikant

RHABARBERKOMPOTT

– 4 Rhabarberstangen

– 20 g flüssiger Honig

– 4 g (Kaiserschmarrn-)Gewürzzucker

– 1 Stück Ingwer

– 100 g frische Johannisbeeren, ersatzweise gefrorene Johannisbeeren
oder Beerenmix

– 1 unbehandelte Zitrone

– 1 Stängel Zitronengras

– 1 Sternanis

– 10 g Rosinen, über Nacht in Apfelsaft
eingeweicht (nach Belieben)

KAISERSCHMARRN

– 1 Vanilleschote

– 150 g helles, glattes Weizenmehl

– 250 ml Vollmilch

– etwas Salz

– 3 Eier

– etwas Gewürzzucker

– 80 g Butter

– 10 g Rosinen, über Nacht in Apfelsaft
eingeweicht (nach Belieben)

VARIANTE: PIKANTER
KAISERSCHMARRN MIT
ZWIEBELN UND CURRY

– 1 frische weiße Zwiebel, in Streifen
geschnitten

– 30 g Butter

– 20 g gesalzene Erdnusskerne

– 1 Prise mildes Currypulver

– 50 g Südtiroler Speck, in Streifen

– Kaiserschmarrn-Teig (siehe Teilrezept), ohne Vanille und Zucker

– Salzflocken

RHABARBERKOMPOTT

Die Rhabarberstangen waschen und putzen, dabei die dünne Schale mit einem Messer in langen Fäden abziehen. Die geschälten Rhabarberstangen in circa 3 Zentimeter große Stücke schneiden. Den Honig in einem Topf behutsam er-hitzen und etwas Gewürzzucker zugeben. Den Ingwer schälen, in Scheiben schneiden und zugeben. Dann mit etwas Wasser ablöschen und aufkochen. Die Johannisbeeren von den Rispen zupfen und zusammen mit den Rhabarberstü-cken zugeben. Von der Zitrone einen breiten Streifen Zitronenschale abschälen und zugeben. Das Zitronengras putzen und mit einer flachen Messerklinge oder mit einem Fleischklopfer klopfen, damit die Fasern brechen und das Zitronengras mehr Aroma abgeben kann. Das Zitronengras und den Sternanis zugeben. Den Topf verschließen und alles zusammen bissfest dünsten. Ab und zu den Garzu-stand kontrollieren, da der Rhabarber beim Abkühlen nachzieht. Das Rhabarber-kompott vom Herd nehmen und nach Belieben abgetropfte Rosinen zugeben.

KAISERSCHMARRN

Die Vanilleschote längs aufschlitzen, das Vanillemark herauskratzen und mit dem Weizenmehl in einer Schüssel vermengen. Die leere Vanilleschote in ein Glas mit feinem Zucker stecken und für einen späteren Gebrauch als aromatischen Vanil-lezucker verwenden. Die Vollmilch nach und nach in das Weizenmehl geben und alles glatt verrühren. 1 große Prise Salz hinzufügen. Die Eier in einer separaten Schüssel aufschlagen und gut verquirlen. Die Eier zum Teig geben und verrühren, aber nicht zu sehr schlagen, sonst wird der Kaiserschmarrn zäh. Den Teig mit et-was Gewürzzucker würzen.

Reichlich Butter in einer ofenfesten Pfanne aufschäumen. Den Teig circa 1 Zen-timeter hoch in die heiße Pfanne gießen, einige Rosinen darüberstreuen und 1–2 Minuten backen. Dann die Pfanne in den auf 210 °C (Ober-/Unterhitze) vorge-heizten Backofen schieben und den Teig 4–5 Minuten stocken lassen, aber nicht durchbacken. Die Pfanne aus dem Backofen nehmen, die Teigplatte wenden und auf der Herdplatte kurz weiterbacken. Den Teig anschließend mithilfe von 2 Löf-feln in Stücke reißen und mit etwas Gewürzzucker bestreuen. Die Pfanne noch-mals für 2–3 Minuten in den heißen Backofen schieben. Der Kaiserschmarrn geht schön auf (soufliert) und karamellisiert.

VARIANTE:

Die Zwiebeln in schäumender Butter glasig anschwitzen. Die Erdnusskerne zuge-ben und mit Currypulver bestäuben. Die Speckstreifen zugeben und kurz anbra-ten. Dann den Teig darübergießen und wie gewohnt backen und souflieren. Den fertigen pikanten Kaiserschmarrn je nach Geschmack mit Salzflocken bestreuen.

PALATSCHINKEN

APFELRÖSTER MIT PINIENKERNEN

– 2 süß-säuerliche Äpfel
– 25 g Butter
– 1 EL Pinienkerne
– 1 TL flüssiger Wald- und-Wiesen-
  Honig
– 1 Messerspitze Vanille, mit Mark
  vermahlen
– etwas (Bratapfel-)Gewürzzucker
– 1 Bio-Zitrone

PALATSCHINKEN

– 100 g helles, glattes Weizenmehl,
  ersatzweise Dinkelmehl
– 250 ml kalte Vollmilch
– 3 Eier
– 1 Prise Salz
– etwas Butter
– Apfelröster (siehe Teilrezept) oder
  Marillenmarmelade

APFELRÖSTER MIT PINIENKERNEN

Die Äpfel schälen, das Kernhaus herausschneiden und in kleine Würfel schneiden. Die Butter in einer Pfanne aufschäumen lassen. Die Pinienkerne zugeben und kurz anrösten. Den Honig darüber verteilen und kurz weiterrösten. Dann die Apfelwürfel zugeben und verrühren. Den Apfelröster mit Vanille, Gewürzzucker, etwas frisch geriebener Zitronenschale sowie etwas frisch gepresstem Zitronensaft verfeinern. Alles 2–3 Minuten bei milder Hitze dünsten, dann vom Herd nehmen und beiseitestellen.

PALATSCHINKEN

Das Mehl in eine Schüssel geben und in die Mitte eine leichte Mulde formen. Die kalte Milch nach und nach in die Mehlmulde gießen und mit einem Schneebesen verrühren. Dabei immer in der Schüsselmitte rühren und die kalte Milch nach und nach zugeben, bis das ganze Mehl eingearbeitet ist. Durch das stufenweise Einrühren der kalten Milch bekommt der Teig keine Klümpchen.

Die Eier in einer separaten Schüssel aufschlagen. 1 Prise Salz zugeben und mit einem Schneebesen gut verrühren. Die Eier nun zu dem Teig geben und behutsam vermengen. (Den Teig nicht kräftig verrühren, sonst werden die Palatschinken zäh.)

Eine beschichtete Pfanne erhitzen und die Butter darin zerlassen. Anschließend von der Kochplatte nehmen und schwenken, sodass sich die Butter gleichmäßig verteilt.

Etwa 1 Schöpfer Teig in die Pfanne geben (nicht mittig, sondern eher an den Rand). Die Pfanne erneut von der Kochplatte nehmen und vorsichtig im Kreis drehen, bis der Teig gleichmäßig und dünn verteilt ist. Den Palatschinken bei mittlerer Hitze leicht goldbraun braten und anschließend wenden. Lässt sich der Palatschinken mit einem Pfannenwender problemlos anheben, ist er fest genug und kann gewendet werden.

Während die zweite Seite backt, den Palatschinken mittig in einem dicken Streifen mit Apfelröster bedecken. Den Palatschinken an der Seite leicht einklappen und zu einer Rolle einschlagen. Den gefüllten Palatschinken auf eine Servierplatte gleiten lassen.

Dann erneut Butter zerlassen und so weiterverfahren, bis der restliche Teig aufgebraucht ist.

Anrichten

Die gefüllten Palatschinken am besten
noch heiß genießen.

PFIRSICH UND HIMBEERE
perfect match

HIMBEER-BAISER

– 3 Eiweiß

– 135 g Kristallzucker

– 65 g geriebener Palmzucker

– 15 g gefriergetrocknetes Himbeerpulver + 10 g zum Bestäuben

– 1 EL gehackte Mandel

PFIRSICH MIT THYMIAN-LIMETTEN-VINAIGRETTE

– 3 reife Weinberg- oder andere Pfirsiche

– 5 frische Zitronenthymianzweige

– 1 unbehandelte Limette

– etwas Olivenöl

HIMBEER-JOGHURT

– 100 g Naturjoghurt

– 1 TL gefriergetrocknetes Himbeerpulver

WEITERE ZUTATEN

– frische Zitronenthymianzweige

HIMBEER-BAISER

Das Eiweiß, den Kristallzucker und den Palmzucker in die Rührschüssel der Küchenmaschine geben. Die Rührschüssel auf ein heißes Wasserbad stellen und die Mischung unter stetigem Rühren auf etwa 40 °C erwärmen, bis sich der Zucker gelöst hat. Die Mischung anschließend in der Küchenmaschine zu einem glänzenden und festen Eischnee aufschlagen. Das Himbeerpulver und die gehackten Mandeln zugeben und mit einem Gummispatel unterheben. Je 1 gehäuften EL Baisermasse mit etwas Abstand auf ein mit Backpapier belegtes Backblech setzen und punktuell mit etwas Himbeerpulver bestäuben. Die Himbeer-Baisers im vorgeheizten Backofen bei 110 °C (Umluft) mehrere Stunden vollständig trocknen. Die genaue Backzeit richtet sich nach der Größe der Baisers.

PFIRSICH MIT THYMIAN-LIMETTEN-VINAIGRETTE

Die Pfirsiche in Spalten schneiden. Den Zitronenthymian fein hacken und mit etwas frisch geriebener Limettenschale, frisch gepresstem Limettensaft und etwas Olivenöl vermengen. Die Pfirsiche mit der Thymian-Limetten-Vinaigrette marinieren.

HIMBEER-JOGHURT

Den Naturjoghurt mit etwas Himbeerpulver verrühren.

Anrichten

Den Himbeer-Joghurt in tiefe Teller geben und die marinier-
ten Pfirsiche darauf anrichten. Die Himbeer-Baisers mit den
Händen zerdrücken und über den Pfirsichen verteilen. Zum
Schluss mit Thymianzweigen garnieren.

Anrichten

Den lauwarmen Sticky Rice in Schalen verteilen und mit einem
Hauch Fleur de sel bestreuen. Dann mit reichlich Mangospalten
belegen und mit etwas gesüßter Kokosnusscreme beträufeln.
Zum Schluss geröstete Sesamsamen darüberstreuen.

STICKY RICE

- 150 g thailändischer Klebereis (Sticky Rice)
- 250 g Kokosnusscreme
- 25 g Kristallzucker
- 1 reife Mango
- 1 EL Sesamsamen

WEITERE ZUTATEN

- Fleur de sel

STICKY RICE

Den Klebereis 1 Stunde in reichlich kaltem Wasser wässern, dabei öfters das Wasser wechseln. Das Einweichwasser sollte gegen Ende der Einweichzeit beim Abgießen klar sein. Einen großen Topf mit etwas Wasser füllen. Den Korb eines Bambusdämpfers hineinstellen. Ein Küchentuch auskochen und unter klarem Wasser abkühlen lassen, dann gut auswringen und in den Bambuskorb legen. Den Klebereis abgießen und tropfnass in das Küchentuch füllen. Dann das überstehende Küchentuch über den Klebereis schlagen und den Deckel auf den Bambusdämpfer setzen. Der Klebereis darf das Wasser nicht berühren, dieser wird nur gedämpft. Den Topf mit einem Deckel verschließen und das Wasser aufkochen. Den Klebereis bei mittlerer Hitze etwa 15 Minuten dämpfen, bis der Reis gar ist, aber noch etwas Biss hat.

Währenddessen die Kokosnusscreme zusammen mit dem Kristallzucker in einem Topf aufkochen. Die Mango schälen und große Fruchtstücke vom Kern abschneiden. Die Mangostücke anschließend in mundgerechte dünne Spalten schneiden.

Die Sesamsamen in einer Pfanne ohne Ölzugabe rösten.

Den bissfest gegarten Klebereis aus dem Küchentuch nehmen und in einer großen Form verteilen. Etwas gesüßte Kokosnusscreme bis zum Anrichten beiseitestellen. Die restliche gesüßte Kokosnusscreme über den Sticky Rice gießen und alles mit einem Kochlöffel vermengen.

Tipp: Statt der Mango passen auch super je nach Saison und Belieben frische große orangefleischige Mispeln (Loquats, japanische Wollmispeln). Loquats sind nur saisonal und in gut sortierten Asialäden zu bekommen. Vor dem Verzehr die Mispeln schälen, vom Kern befreien und in dünne Spalten schneiden.

Nach Belieben ein frisches Pandan-Blatt (aus dem Asialaden) in die heiße gesüßte Kokosnusscreme legen und einige Minuten aromatisieren lassen.

Schatz, wir gehen essen!

Roland: Ein Restaurantbesuch ist für mich immer ein Genuss, solange die Gerichte genussvoll zubereitet sind. Wenn ich merke, dass das Essen nicht gut ist, dann ist es für mich genauso wenig Genuss wie für andere Menschen. Da spielt es keine Rolle, dass ich einmal Spitzenkoch war. Wenn es mir überhaupt nicht schmeckt, dann sage ich auch mal Bescheid. Aber das passiert zum Glück ganz selten. Zumal ich alles andere als mutig bin. Da ist Dani viel mutiger. Wenn es neue Restaurants zum Ausprobieren gibt, geht sie meistens erst einmal alleine hin. Sie weiß ja, dass ich ein schlechter Esser und ein schlechter Gast bin, wenn's mal wirklich nicht gut ist. Deshalb probiert sie es lieber erst alleine aus. Wenn's gut ist, gehen wir im zweiten Anlauf gemeinsam hin.

Dani: Wir gehen wirklich sehr gern essen, nicht nur in Sterne-Restaurants. Mir ist es total egal, ob die einen oder drei Sterne haben oder auch gar keinen. Ich finde das ganze Machtgehabe in der Bewerterei anstrengend. Für die Köche, aber auch für alle drum herum. Da ist so viel Druck dahinter, das spürt man dann auch als Gast. Das ist nichts, wo man sich einfach gemütlich hinsetzt und einen schönen Abend erlebt. Und das ist ja das eigentliche Ziel. Natürlich gibt es auch immer wieder mal die ganz großen Highlights, bei denen man ins Schwärmen kommt. Wir waren einmal in Wien bei Juan Amador essen. Das war ein Abend, da hat einfach alles gepasst. Aber natürlich hängt selbst da viel von der eigenen Stimmung ab. Die Freude am gemeinsamen Genießen muss man schon selbst mitbringen.

Roland: Zum Schluss noch ein Wort zum Wein beim Restaurantbesuch. Da ist alles erlaubt. Man hat ja im Leben schon ein bisschen was getrunken und weiß in der Regel, was einem schmeckt. Dann fragt man den Kellner einfach, ob er einen Wein hat, der in diese Richtung geht: »Normalerweise trinken wir gerne einen Sauvignon aus der Südsteiermark, aber überraschen Sie uns doch.« Damit kennt der Kellner schon mal die Richtung und hat auch ein bisschen Spielraum. Es kann natürlich sein, dass ich hinterher sage: »Okay, gut, würde ich mir nicht wieder bestellen, aber das war auch eine Erfahrung wert.« Genauso kann ich aber auch einen tollen neuen Wein kennenlernen. Man darf das ganze Gerede über Wein nicht so ernst nehmen. Restaurantbesuche dürfen keine Operation am offenen Herzen sein, das ist falsch, dann hast du Stress. Da würde der Genuss völlig ausbleiben. Also immer schön entspannt bleiben. Oder einfach zu Hause kochen.

Produktempfehlungen

STAY SPICED! BY SPICEWORLD

www.stayspiced.com

- Bratapfel, Dessert & Müsli Gewürz – Sugar & Spice
- Brotgewürz klassisch, fein gemahlen
- Bruschetta Edelpilz, Dip & Gewürzmischung
- Bruschetta grüne Olive, Dip & Gewürzmischung
- Chakalaka, afrikanisches Chakalaka
- Chili, Peperoncino ohne Saat, geschrotete Chili
- Chimichurri, Dip & Gewürz
- English Curry, milde Mischung
- Erdbeer Fruchtpulver 100 %
- Grüner Thai Curry, exotisch & scharf
- Gulasch Gewürz, klassische Mischung
- HE – Curry by Roland Trettl
- Himbeer Crispy, gefriergetrocknet
- Himbeer Fruchtpulver, sprühgetrocknet
- Jalapeño Chili, rot – Extra fruchtig, gemahlen
- Jalapeño Chili, rot – Extra fruchtig, geschrotet
- Kaiserschmarrn Gewürz, Teiggewürz
- Knoblauchflakes, Knoblauch Kalifornisch, 1–3 mm – geschrotet
- Koriander, ganz - großkörnig
- Lemon Curry frisch & fruchtig, zitroniger Curry, Gewürzmischung
- Limonenblätter – Limettenblätter, ganz
- Madras Curry, kräftig & elegant – dominante Mischung
- Majoran gerebelt – aus Thüringen
- Meersalz/Pyramidensalz, Fingersalz
- Oregano, gerebelt (türkisch) – aus wildem Anbau
- Palmzucker, grob
- Pfeffermischung Schwarzes Gold – Drei-Pfeffermischung
- Pimenton de la Vera Doux, geräucherter Paprika – edelsüß/mild
- Ras el Hanout, Couscous Gewürz
- Rote Bete Pulver, fein – 100 % Frucht
- SHE – Mediterran by Roland Trettl
- Tahiti Vanille, mit Mark gemahlen
- Thymian, gerebelt – aus Thüringen
- TNT-Zucker, Tonkabohne & Tahiti Vanille
- Tomatenflocken, 100 % Tomate – löslich
- Umami – Gewürzzubereitung
- Zitronenpfeffer extra fruchtig

OZONOS GMBH

www.ozonos.at

WEINGUT TEMENT

www.tement.at

- ALFRED Wermut SEMI-DRY, 17 % Vol. Alkohol
- VERJUS Apero
- Verschiedene Weißweine, Rotweine, Rosé- und Süßweine

REISETBAUER

Blue Gin Handels GmbH

- Blue Gin, 43 % Vol. Alkohol
- Sloeberry Blue Gin, 28 % Vol. Alkohol

SIEBEN FICHTEN

www.siebenfichten.com

- Wald-und-Wiesen-Honig

Impressum

4. Auflage © 2021 by Südwest Verlag, einem Unternehmen der Penguin Random House Verlagsgruppe GmbH, Neumarkter Straße 28, 81637 München

Projektleitung: Dr. Harald Kämmerer
Management Roland Trettl und Koordination: Petra Mauß, Rabea Schreiter, Pool Position Management GmbH
Textredaktion: Susanne Schneider
Bildredaktion: Sabine Kestler
People-Fotos: HELGE KIRCHBERGER Photography
Rezeptbilder: Roland Trettl
Illustrationen: OH, JA! (www.oh-ja.com) unter Verwendung von Bildmaterial von shutterstock
Umschlaggestaltung, Innenlayout, Satz: OH, JA! (www.oh-ja.com)
Herstellung: Elke Cramer
Reproduktion: Longo AG, Bozen
Druck & Bindung: Mohn Media Mohndruck GmbH, Gütersloh

Printed in Germany

MIX
Papier aus verantwortungsvollen Quellen
FSC® C011124

Penguin Random House Verlagsgruppe FSC® N001967

ISBN 978-3-517-09992-7